A LÍNGUA PORTUGUESA NA ÍNDIA E EM OUTRAS TERRAS

Sovon Sanyal

Arizangela Oliveira Figueiredo

Márcia V. Cavalcante (Eds.)

ADROIT

Adroit Publishers

NEW DELHI

ISBN : 978-81-87393-63-4

Published by
ADROIT PUBLISHERS 4675/21, Ganpati Bhawan, Ansari Road, Daryaganj, New Delhi-110 002 Phone : 011-23266030
adroitpublishers@gmail.com

Printed at Thomson Press (India) Ltd.

Cover: Igor A. Cunha

Typeset in Times New Roman by Arun, Akriti Graphic Solution, Delhi-110081 E-mail: arun263923@gmail.com, Ph: 9999414390

Uma língua não é de ninguém, mas nós não somos ninguém sem uma língua que fazemos nossa. É nesse sentido, e unicamente nesse sentido - longe das identificações narcisistas dos nacionalismos culturais -, que uma língua é, como pensava Pessoa, a *nossa verdadeira pátria.*

Eduardo Lourenço, *A Nau de Ícaro e Imagem e miragem da lusofonia,* p. 133.

TABLE OF CONTENTS

AGRADECIMENTOS

A memória da gratidão não é apenas uma lista de pessoas e lugares que os agradecimentos podem acomodar. É um prazer especial notar que a maioria dos mencionados abaixo partilhou conosco uma parte do seu espírito acadêmico: à Embaixada do Brasil em Nova Delhi por sempre incentivar os estudos da língua portuguesa, ao Centro de Espanhol, Português, Italiano e Estudos Latino-americanos em JNU por proporcionar diálogos fecundos com o Brasil, em especial ao Coordenador Rajiv Saxena, pelo dinâmismo e disposição, aos colegas do Centro, Professores Indrani Mukherjee, Minu Bakshi, Lipi Biswas, Meenakshi Sundriyal, Gaurav Kumar, Nabil Ansari, por dinamizar os estudos latino-americanos em JNU. Ao Professor Benjamin Abdala Júnior (USP) por sua generosidade e agudeza na apreciação deste trabalho e por sempre inspirar os estudantes mundo afora.

Nós, os editores, temos grande débito para com os estudantes de JNU. Eles foram incentivadores constantes e adicionaram a beleza da alma indiana à língua portuguesa nesta universidade: Adnan Tarique, Azeem, Deepashree Dutta, Madhulagna Halder, Mohd Asif, Mohammed K. K., Mayank Vashist, Teena Kunju, Veer Kartik, Titiksh, Ashutosh Kumar Gupta, Deepak Kumar, Disha Anand, Harshita Kumari, Mohd Jafar Raza, Mohd Tariq Ansari, Mridul Mishra, Pushpesh Jha, Rijvan, Vaishnavi Tannir, Aghilesh.S, Asif Ansari, Atul Kumar, Heejuu, Kumari Pallavi, Leshiini, Manvendra, Meghna Mittal, Mirza Obaidar, Mohammad Saad, Mohd Ali, Rishabh Kumar, Sakshi Jain, Song Yo Chan, Sujit kumar, Tavleen Kaur and, Vatya. Especial agradecimento a: Alam Hussain, Amrit Raj, Anusmriti Rawat, Teeju Bhagat e David Garay.

ACKNOWLEDGEMENTS

The memory of gratitude is not only a list of people and places that acknowledgements can accommodate. It is a pleasure to note that all those who are mentioned below shared with us a part of their academic spirit: Embassy of Brazil in New Delhi for always encouraging the studies of the Portuguese language, Centre of Spanish, Portuguese, Italian and Latin American Studies (CSPILAS) for providing fruitful dialogues with Brazil, in special Professor Rajiv Saxena's dynamism and disposition, and professors Indrani Mukherjee, Minu Bakshi, Lipi Biswas, Meenakshi Sundriyal, Gaurav Kumar, Nabil Ansari, for providing a rich dialogue in Latin American Studies. Professor Benjamin Abdala Júnior's (USP) generosity and acuteness in the appreciation of this work and for always being able to inspire students around the world.

We, editors, have a great debt to the JNU students. They are constant supporters and have added the beauty of the Indian soul to Portuguese Language at this university: Adnan Tarique, Azeem, Deepashree Dutta, Madhulagna Halder, Mohd Asif, Mohammed K. K., Mayank Vashist, Teena Kunju, Veer Kartik, Titiksh, Ashutosh Kumar Gupta, Deepak Kumar, Disha Anand, Harshita Kumari, Mohd Jafar Raza, Mohd Tariq Ansari, Mridul Mishra, Pushpesh Jha, Rijvan, Vaishnavi Tannir, Aghilesh.S, Asif Ansari, Atul Kumar, Heejuu, Kumari Pallavi, Leshiini, Manvendra, Meghna Mittal, Mirza Obaidar, Mohammad Saad, Mohd Ali, Rishabh Kumar, Sakshi Jain, Song Yo Chan, Sujit kumar, Tavleen Kaur and Vatya. Special thanks to Alam Hussain, Amrit Raj, Anusmriti Rawat, Teeju Bhagat e David Garay.

FOREWORD

A LÍNGUA PORTUGUESA E AS ARTICULAÇÕES COMUNITÁRIAS SUPRANACIONAIS

Esta coletânea de ensaios, *A língua portuguesa na Índia e em outras terras,* situa-se num momento político que solicita reconfigurações de estratégias e repactualizações, com horizonte no comunitarismo cultural de natureza supranacional. No plano da vida cultural, entretanto, essa repactualização continua muito tímida. A intelectualidade no Brasil e nos países ditos ocidentais, em geral, têm-se colocado a reboque dos acontecimentos, dando visibilidade a discursos legitimadores das hegemonias estabelecidas. E nestas reflexões dos ensaios, voltados para a língua, literatura e cultura de língua portuguesa, configuram-se estudos que se afastam de certas vozes críticas desse processo de articulação, mas que acabam por se restringir a formulações meramente melancólicas, próprias de quem se limita a contemplar ruínas. Assumem os autores dos ensaios, em seus respectivos campos científicos, um sentido oposto: são imbuídos de atitudes mais ativas e prospectivas, para criar ou redesenhar, com matização mais forte, tendências voltadas para a cooperação e solidariedade, não apenas em relação aos países de língua oficial portuguesa, mas também com países como a Índia, que integra o bloco econômico dos BRICs.

Pelas margens dos discursos hegemônicos, esses ensaios apontam para relações linguístico-culturais de sentido comunitário, abrindo-se a outros comunitarismos supranacionais, que abarcam América Latina, África e Ásia. Colocam-se, com as articulações dos ensaios aqui reunidos, num horizonte de cooperação e solidariedade. Constituem um efetivo contraponto ao paroxismo da competitividade, que segue a lógica dominante da assimetria dos fluxos econômicos e culturais. Essa inclinação para essas aproximações supranacionais constitui uma reação aos efeitos perversos dos modelos articulatórios da economia dominante, que flexibilizaram fronteiras nacionais para impor a sua ordem. Entretanto, já que toda hegemonia é porosa, foi pelas brechas desse processo globalizador que se firmou a necessidade de articulações amplas, envolvendo esse crescente comunitarismo supranacional, que não se atém ao campo sociocultural, mas também ao político e econômico.

É dessa situação político-social do comunitarismo supranacional que os ensaios aqui centrados na nossa língua e literatura procuram relevar que identidades (individuais, sociais e nacionais) devem ser vistas no plural. Não se trata de identidades, fronteiras ou campos discursivos elásticos, plásticos, informes, mas de identidades vistas do lugar de onde acessamos o mundo - para nos valer da linguagem da Internet -, e que envolvem fronteiras contíguas e não contíguas. Para além dos países de língua oficial portuguesa, temos articulações em outros países, como na Índia. E não apenas em certas comunidades desse país, como em Goa, mas também na universidade. Impõe-se assim a formação de blocos supranacionais também na vida universitária. Somos vários e contraditórios numa mesma identidade e nossas fronteiras são múltiplas. Temos defendido, nesse sentido, a ideia de relevarmos os blocos culturais, da mesma forma que no campo da economia. Para quem se situa no Brasil, impõem-se relações estreitas com nosso bloco linguístico-cultural e com os países iberoafroamericanos. Não só essas relações evidentemente, pois num mundo de fronteiras múltiplas são fundamentais outras articulações supranacionais.

É importante que a intelectualidade imbuída de sentido crítico verifique implicações socioculturais desses processos que se articulam em rede, sem descartar potencialidades subjetivas. O processo colonizador – cujas *formas mentis* continuam através das assimetrias dos fluxos econômicos e culturais - leva a hábitos, como a conhecida importação de modelos externos, sem criticidade, para os mais variados campos da cultura, inclusive cultura material. Nos estudos linguísticos e literários são comuns a importação acrítica dessas fórmulas, como também ocorre no terreno científico e tecnológico, perpetuando assimetrias que continuam a nos "colonizar". É evidente que nas esferas culturais, tal como ocorreu historicamente, entre os atores afinados com políticas coloniais (depois neocoloniais e imperiais), ter acesso à última novidade pode significar preservar poder simbólico.

Evidentemente, convém acentuar, também aprendemos com a experiência dos "outros". Situem-se esses "outros" num polo hegemônico ou não. Aprendemos também com os povos ágrafos, que possuem uma experiência que não tivemos. Afinal, somos todos misturados. As identidades são sempre plurais, já afirmamos. Precisamos, por outro lado, como os ensaios aqui reunidos, não nos submetermos a conceitos de uma certa hibridização que se confunde com uma plasticização indefinidora de fronteiras, que, na verdade, não são líquidas (conceito de Bauman), mas, entendemos, configuradas e múltiplas.

Os hábitos pautados pelas assimetrias continuam a considerar as misturas como inferiores, para assim subalternizá-las num mundo de hegemonia de um pensamento único. Há que se estabelecer – em sentido contrário, como ocorre nesta coletânea de ensaios - um projeto sempre renovado de "descolonização", que coloque em cheque tais *formas mentis*. Essa observação vale para o multiculturalismo liberal e para crítica ao processo de americanização hegemônica do mundo que atinge a todos subalternos. Uma "colonização" que abarca inclusive – por extensão - as esferas das disciplinas acadêmicas. Impõe-se à intelectualidade, como sempre, pensamento crítico e uma efetiva manifestação de sua potencialidade subjetiva.

As relações comunitárias supranacionais em que se pautou a organização desta coletânea são, hoje, laços de uma sociedade que tende a se organizar em redes. Em relação aos países de língua portuguesa, esses laços linguístico-culturais formaram-se através de uma experiência histórica comum, associada ao sistema colonial. Os primeiros colonizadores da América Latina vieram da região, que os árabes chamaram de Al-Ândalus. Algarve provém de Al-Gharb al-Ândalus (Andaluzia Ocidental), que abrangia o atual Algarve e o baixo Alentejo. A maior parte da população de Lisboa, na época dos Descobrimentos (1500), some-se a essas constatações, era de origem moura. Eram regiões culturalmente híbridas, para onde confluíram muitas culturas da bacia cultural mediterrânea, ponto de encontro entre Europa, África e Ásia. Alargando as observações, poderíamos afirmar que a bacia mediterrânica, na perspectiva de um campo que se organiza em rede, constitui um nó multívoco, pelos cruzamentos histórico-culturais entre a Europa, África e Ásia.

Temos argumentado que o mundo configura-se cada vez mais como de fronteiras múltiplas e as identidades devem ser vistas no plural (Abdala Jr., 2002). Em termos de aproximações linguístico-culturais, impõem-se horizontes plurilíngues e reciprocidades em termos de poder simbólico. Em nosso caso, para além das notórias laçadas para os países de língua espanhola, há a variedade e amplitude das redes comunitárias, como ocorre com a Índia. Num mundo onde o inglês acabou por se constituir numa espécie de língua franca, é necessário que falemos também em português e outros idiomas, inclusive no campo tecnológico. Em termos linguísticos, não apenas como língua de cultura, mas de ciência.

Muitas redes comunitárias supranacionais têm-se firmado em escala planetária, como os movimentos de gênero, de defesa e promoção dos direitos humanos, da ecologia, etc. Estabelecem-se, como nesta coletânea de ensaios, campos de interlocução, para além das fronteiras de estado, constituindo possibilidades de contrapontos à monologia dos fluxos hegemônicos. Como é de observar nesses ensaios, o crítico não se atém à performance narcisista, que seria própria de quem está (apenas) de passagem, e também na apologia de um aparente descompromisso, afinado com o hiper-individualismo social dominante. Na verdade, ele fala sempre de um *lócus enunciativo* determinado, estando em seu país de origem ou na diáspora. Não adota posturas afins de uma espécie de relativismo nômade, limitando-se a resvalar nos obstáculos, sem manter laços situacionais para além do efêmero do discurso da moda.

Benjamin Abdala Junior
(Universidade de São Paulo – Brasil/CNPq)

Referências

Abdala JR., Benjamin (2002). *Fronteiras múltiplas, identidades plurais: um ensaio sobre mestiçagem e hibridismo cultural.* São Paulo: Editora SENAC São Paulo.

Bauman, Zygmunt (2000). *Modernidade Líquida.* Rio de Janeiro: Jorge Zahar Editor

Abrindo o Diálogo

A LÍNGUA PORTUGUESA NA ÍNDIA E EM OUTRAS TERRAS

O livro *A Língua Portuguesa na Índia e em Outras Terras* surge na perspectiva de fomentar discussões sobre temáticas atuais que envolvem a língua portuguesa pelo mundo. Considerando que esse idioma tem ganhado cada vez mais espaço e naturalmente adquirido características particulares em vários países e continentes, a ideia que norteou este trabalho coletivo teve, desde o início, o intuito de que cada capítulo pudesse expor discussões sobre as particularidades de cada um dos contextos.

O interesse quanto a esta publicação começou a ganhar forma durante uma reunião pedagógica na qual discutíamos estratégias de promoção da língua portuguesa (LP) a serem implementadas na Universidade Jawaharlal Nehru (JNU), New Delhi, Índia. Fundada em 1969, JNU oferece aos alunos um quadro amplo de possibilidades de aprendizagem de línguas do qual o português faz parte. Nesse sentido, essa Universidade possui representantes de diversos idiomas locais e estrangeiros. É um espaço multilíngue enriquecedor que simboliza, de certa forma, uma espécie de *torre de babel* em que todos se entendem. É muito comum encontrar no *campus* estudantes indianos que falam Malayalam[1] como língua materna ou que falam Bengali[2], mas se comunicam com os amigos em Hindi e Inglês[3], e que, além disso, têm se dedicado ao aprendizado do português. A instituição recebe ainda estudantes de outros países, como por exemplo, colombianos, coreanos e de outras tantas nacionalidades buscando a oportunidade de estudar essa língua na Índia.

Os cursos de LP nessa universidade acolhem um público de vários centros acadêmicos pertencentes à instituição, desde estudantes da *School*

1. Língua falada em Kerala, Sul da Índia.
2. Língua falada no Oeste de Bengali.
3. O Hindi e o Inglês são as línguas mais usadas para comunicação na Universidade.

of Language, Literature and Culture Studies, e outros, como por exemplo, da *School of International Studies e School of Social Sciences*. Esse público que frequenta o curso de LP tem por objetivo, na sua maioria, alcançar um mercado cada vez mais crescente na Índia, sobretudo no que diz respeito aos blocos econômicos emergentes. No entanto, embora o anseio econômico seja um dos principais fatores motivadores, no dia a dia, os estudantes procuram de fato interagir com a língua e compreendê-la enquanto cultura, enquanto manifestação artística e histórica. Na busca de que o leitor tenha um contato mais aproximado com essa realidade, selecionamos excertos de textos de alunos do curso de português em que explicam a sua relação com esse idioma[4]:

> A língua portuguesa me permitiu conhecer novas dimensões na vida não somente enquanto a cultura, geografia, linguística, história, mas também os valores humanos, modo diferente de viver a vida. Nas aulas aprendemos que o português se fala em mais países como Angola, Timor-leste e outros que formam parte do CPLP[5]. Foi uma maravilhosa experiência poder aprender este idioma tão bonito e carinhoso como os nativos que o falam. (*Estudante indiano de graduação em JNU*)

> Eu sempre considerei o português como uma irmã de minha língua nativa e nunca entendi porque não foi ensinado na escola ou na universidade se o Brasil está tão perto de nossos países que falam a língua espanhola e também nós fazemos negócios importantes com esse país. Somente tive a oportunidade de aprender quando comecei meu mestrado na Índia e não pude deixar passar essa oportunidade. (*Estudante colombiano de mestrado em JNU*)

> Diz-se que aprender uma língua estrangeira é como ter outra alma e ela pode ser aprendida facilmente, aprendendo mais sobre a cultura do país em que essa língua é falada. Se eu tiver a oportunidade, gostaria de fazer pesquisas sobre as semelhanças e diferenças que a cultura indiana e a brasileira têm, já que os dois países podem aprender muito com as experiências históricas um do outro. (*Estudante indiano de mestrado em JNU*)

---

4. As falas dos estudantes foram transcritas *ipis litteris*.
5. Comunidade dos países de língua portuguesa (Community of Portuguese Language Countries)

Quando os estudantes mencionam expressões como "permitiu conhecer novas dimensões da vida.. novas formas de viver", "sempre considerei o português como uma irmã de minha língua nativa", "aprender uma língua estrangeira é como ter outra alma", percebemos que a língua para eles não é apenas um instrumento de comunicação no qual se combinam estruturas sintáticas, pressupõe o ato de contextualizar esse uso. Compreendem, portanto, que aprender uma língua significa acessar os segredos de outras culturas e descobrir as mais diversas maneiras de viver e lidar com o idioma, experiência que contribui para a socialização de saberes, pois abrimos espaço para as trocas interculturais.

No processo de aprendizagem intercultural - pensando mais especificamente nos contextos Índia e Brasil -, é possível, por exemplo, passear pela LP compreendendo a história e percebendo traços entre diversas culturas: caminhar interativamente pelas ruas de Goa, descrever a sua arquitetura e ler fachadas de lojas com nomes escritos em português são aspectos que podem ser facilmente interrelacionados ao fazer uma parada em centros históricos do Brasil, como na cidade de Salvador-Bahia, em Olinda-Pernambuco, Ouro Preto-Minas Gerais, dentre tantas outras. Essa relação de interculturalidade é evocada também por meio dos cheiros dos temperos e especiarias indianas, bem presentes no mundo dos países que têm a LP como idioma oficial e em tantos outros lugares do mundo, onde culturas e idiomas interagem.

É pensando nesses modos de aprender e experienciar a LP que organizamos este livro, o qual ganha uma dimensão especial neste ano de 2018: ano em que comemoramos os 70 anos das relações diplomáticas entre Brasil e Índia. Durante esse período, muitas foram as parcerias entre os dois países, dentre elas, o leitorado brasileiro em JNU[6]. A iniciativa tem promovido um diálogo enriquecedor não apenas para os estudantes, que têm a oportunidade de aprender a língua, a literatura e ampliar seus conhecimentos sobre aspectos da cultura brasileira e de outros países que compõem a CPLP, mas também para os leitores brasileiros que têm a chance de aprofundar seus conhecimentos, aprender e interagir com a cultura do país receptor.

Acreditamos que este livro discute não apenas o trajeto histórico dessa língua em diversos contextos, mas busca também pensar sobre as exigências do século XXI. Questões como interculturalidade, processos identitários,

6. Leitorado Brasileiro que ocorre desde 2006 em JNU.

decolonização de saberes, rompimento de fronteiras, políticas linguísticas de promoção dessa língua, são temas que orientam as discussões em tempos de globalização. Portanto, refletir sobre essas questões repercute diretamente nas escolhas de metodologia de ensino, posicionamento sobre o conceito de língua, elaboração de material didático, e, sobretudo, promove uma interlocução entre profissionais que atuam em frentes diversas, abrindo assim um espaço para aprofundarmos discussões e repensar nossas visões e práticas quanto ao ensino da LP.

O diálogo sobre a LP fomentado neste livro parte de diferentes realidades, envolvendo países de diferentes regiões do mundo: Índia, (Nova Delhi e Goa), Macau, Timor-leste; Angola, Moçambique, Egito; México e Brasil. Essa mistura de lugares e regiões reforça a importância de se estabelecer uma discussão mais ampla e enriquecedora sobre a temática à medida que os saberes se entrelaçam e suscita novas aprendizagens e perspectivas. Com esse intuito, apresentamos os capítulos que integram esta importante obra composta por textos em inglês e em português, conforme descritos a seguir:

No primeiro capítulo *Subsidies for a Lusophone Conceptualization,* Regina Pires de Brito faz uma reflexão sobre o conceito de Lusofonia. Segundo a autora, o espaço lusófono abriga contextos cultural e geograficamente diversos que nem sempre são "serenos" de percorrer, usando aqui suas palavras, mas é extremamente necessário atentar para esses caminhos. Para isso, levanta uma profícua discussão sobre o termo Lusofonia a partir de uma análise linguística e histórico-cultural na qual destaca contextos como Angola, Brasil, Moçambique e Timor-Leste. Considera, portanto, que conceber Lusofonia(s) como uma ideia plural permite refletir sobre as funções que o português assume em vários contextos e em suas construções identitárias.

Helder Garmes e Cielo Festino, no capítulo *Goan Literature in Portuguese*, ao apresentar um breve panamorama da literatura em LP de Goa, ressaltam não apenas sua presença por lá, mas afirmam sua importância para a compreensão da formação cultural desse Estado e da própria Índia. Lembram que sendo a Índia um país multilíngue, também em Goa esse multilinguísmo se faz presente já que historicamente a LP tem sido a língua do Estado juntamente com o Kokani, o Marathi, o Inglês, dentre outras. Os autores acrescentam que é para além de um contexto monolíngue que se deve considerar a contribuição da língua e literatura de LP de Goa para a literatura

Indiana. Na perspectiva apresentada no texto, em termos teóricos, estudar esse contexto abre espaço para discussões atuais do cenário mundial, a exemplo da resistência de culturas locais, hibridismos, multiculturalismo, preconceito de gênero, castismos e tantas outras questões.

No terceiro capítulo, *Local Hurdles to Imperial Design: A Historico-Empirical Perspective of Portuguese in Goa*, Sovon Sanyal apresenta um estudo historiográfico da presença da língua portuguesa em Goa quando ainda pertencia à coroa portuguesa. Ele aponta como Portugal usou a língua para fins políticos e religiosos em Goa. A Igreja e a Coroa portuguesa trabalharam juntas para tornar Goa um estado lusitano. Decretos foram emitidos pela Igreja e o Conselho Goês proibindo o uso do Konkani em público e também em casa. Tanto indianos católicos quanto indianos hindus foram punidos por falar e ler em suas línguas maternas. Devido às políticas linguísticas falhas e limitações do governo português, nem Português foi aceito pelo povo, nem o Konkani floresceu. Mesmo após quatrocentos e cinquenta anos de lusitanização, menciona ele, apenas 2% da população fala português.

Em *Macau: De Políticas Linguísticas a Novos Contornos Literários*, Mônica Simas levanta relevantes questões sobre a caracterização da literatura de Macau, enfatizando a importância da coexistência de línguas como Chinês, Português e Inglês. Segundo ela, para caracterizar o projeto literário de Macau é necessário ter em conta alguns princípios, a saber: a interação entre as diferentes comunidades da região; refletir sobre a complexa tríade produção, recepção e circulação; e reconhecer os diferentes níveis historiográficos presentes por lá. A autora analisa algumas recentes políticas linguísticas adotadas pelo governo de Macau, sobretudo em relação à presença do Português naquele contexto. O texto também chama a atenção para a ideia de uma literatura plurilingue a partir de diferentes identidades na qual seja possível a convivência do capital sinófono e lusófono. A partir de analogias entre língua e literatura, segundo a autora, é possível dar voz aos modos interculturais de identificação e favorecer ao que ela denomina de uma "convivialidade comunitária", onde seja possível destacar a multiculturalidade de diferentes grupos sociais.

No quinto capítulo *East Timor, Portuguese and Tetum: a necessary coexistence,* o linguísta timorense Benjamim Corte-Real juntamente com Regina Pires de Brito procuram analisar os motivos que fazem da coexistência entre a LP e o tétum algo tão importante para o pequeno país do Sudeste

Asiático, Timor-Leste. Para isso, eles nos põem a par dos acontecimentos que cercaram Timor-Leste entre os anos 1975-1999, quando esse país, antes colonia de Portugal, é invadido pela Indonésia. Destacam o que eles denominam de política da "destimorização", aplicada pelo dominador indonésio, que, no plano linguístico, representou a inclusão de uma nova forma de colonização, manifestada em três aspectos: na imposição da língua indonésia; na minimização do uso da língua nacional, o tétum; e na proibição da manifestação em português. Quando finalmente Timor torna-se independente e constitui-se a República Democrática de Timor-Leste, em maio de 2002, o Português juntamente com o Tétum assumem o estatuto de línguas oficiais. Mas qual seria a importância da LP nesse cenário? Numa análise linguística acurada, eles apontam nesse texto os motivos que fazem do português uma língua suplementar e complementar à língua Tétum.

No capítulo seguinte, *Brazil and East Timor: Teacher education program and the teaching of Portuguese language*, Suzani Cassiani e Márcia V. Cavalcante fazem uma análise do programa "Qualificação de Docente e Ensino de Língua Portuguesa em Timor-Leste" (PQLP), trazendo questões e reflexões sobre aprendizados adquiridos nesse processo. As autoras levantam especificamente as seguintes questões: o que é necessário para um professor que atua nessas cooperações em contextos complexos interculturais? Como produzir e implementar práticas emancipatórias que visem a decolonização de saberes? Como realizar uma cooperação sem a ideia implícita de uma nova colonização? Com o objetivo de aprofundar reflexões, trazem neste capítulo as influências das ações educacionais que ocorreram por meio da cooperação entre os dois países. Expõem como o programa foi se modificando ao longo dos anos em função das demandas timorenses, e destacam saberes partilhados nessa vivência de cooperação sul-sul, a qual envolveu a colaboração mútua.

Em *Graduação em Língua Portuguesa no Egito,* Maged Elgebaly descreve-nos os desafios e os resultados obtidos desde a criação do primeiro curso de bacharelado em Língua Portuguesa e suas letras do Egito em Aswan University. Elgebaly, após retornar do Brasil com o término de seu PhD em literaturas de língua portuguesa, em 2014, inicia a implementação do curso nessa universidade a partir de uma dinâmica linguística baseada em três princípios: caráter reflexivo, interativo e criativo. Aponta como foi o processo de elaboração das disciplinas, a importância da interação das mídias sociais (wh…pp; facebook), a escolha de material didático e a relevância da literatura de LP não apenas para a compreensão do contexto dos est…ural dos países que a falam, mas para o entendimento de aspectos soci…rico-culturais do mundo Árabe. Segundo o autor, todas essas atividades permitiram o desenvolvimento de diálogos entre a cultura secular e a religiosa e o pensamento crítico das tradições das gerações mais velhas, possibilitando ao estudante a reflexão intercultural sobre sua realidade e abertura às diferenças culturais. O capítulo convida cada leitor a embarcar nessa viagem pelo Egito, tendo a LP como importante veículo.

Na sequência, temos o capítulo *Contribuições para a Prática da Interculturalidade: Uma Abordagem Linguística e Sócio-cultural do texto literário*, no qual Orlanda Gomane e Sara Laisse discutem sobre a importância do enfoque linguístico e sociocultural do texto literário em sala de aulas. No caso de Moçambique, a abordagem de textos que destacam marcas identitárias de grupos étnicos pode constituir uma importante contribuição para o desenvolvimento da interculturalidade desse país através da valorização das características multi-étnicas, plurilinguísticas e multiculturais. Analisam a partir da identificação sociocultural dos informantes-estudantes que significados podem ser percebidos a partir da experiência com o conto “Um pequeno em Chibuto”, da autoria de Aníbal Aleluia, extraído de *Contos do Fantástico.* Numa análise detalhada do material recolhido, as autoras chegam à conclusão de que a leitura de um texto literário deve incorporar de forma reforçada, para além da dimensão linguística, a dimensão sociocultural dos alunos em situação, abrindo espaços para o conhecimento do outro, assim é possível trazer para a sala de aula representações culturais ausentes.

Márcio Undolo, linguísta angolano, apresenta-nos o capítulo *Elementos da Norma Culta do Português Angolano: Sistemas Vocálico e Consonântico* visando partilhar alguns resultados parciais de um projeto de investigação linguística tendo como foco o Português angolano, abreviadamente denominado PA. De acordo com o autor, está em debate a afirmação segundo a qual, em Angola, está já em construção uma norma específica que vem regendo o comportamento linguístico dos falantes em contexto situacional formal de comunicação, desfasada da norma padrão do Português europeu, abreviadamente PE. Levantam-se, com efeito, conflitos que podem assumir diferentes valores: sociais, culturais, acadêmicos, econômicos, entre outros, uma vez que, se, em Portugal, se pode verificar proximi[...] considerável entre a norma culta e a norma padrão do PE; porém, em Ang[...] assiste-se ao afastamento assinalável e sistemático entre a norma culta do PA [...] norma padrão do PE. No PA, apontando uma das principais marcas, afirma C[...]lo, nota-se a tendência para a redução e/ou simplificação do sistema vocálico [...] posição átona; e em relação ao sistema consonântico, a tendência para um sistema mais complexo e numeroso do que o do PE.

No capítulo *The Teaching of the Portuguese Language in Mexico: Interculturality and the Use of the IT's,* Rodrigo Florencio da Silva convida-nos a conhecer o contexto da língua portuguesa no México. O autor põe-nos a par sobre o quadro de ensino dessa língua atualmente nesse país, e aponta para as frequentes motivações do público interessado em aprender o idioma. A partir daí, apresenta-nos uma de suas experiências em ensino de língua realizada no Centro de Línguas em Zacatenco do Instituto Politécnico Nacional. O autor mostra a importância da inclusão dos aspectos culturais nas aulas de idiomas como forma de inserir o aluno na cultura da língua-alvo. Destaca que no trabalho com a interculturalidade e as TI's, neste caso as rádios on-line via Internet, Youtube e Skype, os alunos podem compreender expressões regionais, culturais e artísticas que só poderiam ser aprendidas visitando o país. Além disso, os professores de línguas passam a ter infinitas possibilidades para inovar nas suas aulas e melhorar a sua prática.

O capítulo final consiste em um estudo que levanta importantes questões sobre o futuro da LP. No texto *O Sistema de Normas e a Evolução Demolinguística da Língua Portuguesa,* o experiente linguista, Gilvan Muller, discute os processos normativos da língua e explora preliminarmente cenários para a gestão do *sistema de normas* da LP à luz de alterações geopolíticas previstas para a segunda metade do século XXI. Segundo o autor, o sistema de normas da LP tem se caracterizado, desde o início do século XX, pelo dualismo entre os processos de normatização do Brasil e de Portugal, o que conduziu a *duas normas não-cooperativas*. A norma portuguesa foi adotada pelas novas nações independentes de LP após 1975. Dados de projeção demográfica dos países de LP até 2100 apontam para um crescimento populacional elevado dos PALOP nas próximas décadas, especialmente Angola e Moçambique, e para um decréscimo populacional de Brasil e Portugal, de tal maneira que uma grande parcela dos falantes da língua estaria na África Meridional (Angola e Moçambique) na virada para o século XXII.

Perceberão que na leitura do livro *A Língua Portuguesa na Índia e em Outras Terras* que apesar de cada um dos autores escrever a partir de seu contexto, os capítulos estão muito bem conectados. Ao fazer a leitura de cada um dos capítulos deste livro, temos a impressão de que todos os autores estão sentados em volta de uma grande mesa ou simultaneamente conectados em uma plataforma virtual, tendo um profícuo diálogo sobre aspectos que cercam o ensino de LP nos dias atuais. Tamanha sintonia nos escritos representa simbolicamente o compromisso de cada um dos autores em se debruçar de forma teórica e prática sobre questões relacionadas à LP. É possível identificar, por exemplo, palavras que se repetem no discurso de cada um deles: interculturalidade, decolonização, identidades, Lusofonia(s), plurilinguísmo, mas é importante ressaltar que apesar dessa harmonia nos discursos presentes neste livro, cada texto, apresenta detalhes próprios. É a língua em seu movimento constante de interação linguística, cultural e sócio-histórica. Esperamos que este seja apenas o primeiro de nossos trabalhos partindo da *School of Language, Literature and Culture Studies* (JNU, Índia) em termos de construção de diálogo nessas dimensões, afinal, ainda temos muito para divulgar, discutir e aprender sobre o tema.

Os editores.

Opening the Dialogue

PORTUGUESE LANGUAGE IN INDIA AND IN OTHER LANDS

The book *Portuguese Language in India and in Other Lands* has come from the perspective of gathering texts that can foment discussions on current themes that involve the Portuguese language around the world. Considering that this language has gained more and more field and naturally acquired particular characteristics in several countries and continents, the idea that guided this collective work had, from the beginning, the intention that each chapter would expose discussions on the particularities of each country context.

The interest in this publication began to take shape during a pedagogical meeting about strategies to promote the Portuguese language (PL) to be implemented at Jawaharlal Nehru University (JNU), New Delhi, India. Founded in 1969, JNU offers students a broad range of language learning possibilities of which Portuguese is one. In this sense, the University has representatives from many local and foreign languages, thus constituting an enriching and multilingual environment, symbolizing, in a way, a kind of *tower of Babel* where everyone understands each other. It is common to find in the *campus* Indian students who speak Malayalam[1] as their mother tongue or who speak Bengali[2] communicate with their friends in Hindi and English[3], and are also dedicated to learn Portuguese. The University also receives students from other countries, such as: Colombia, Korea and from other nationalities looking for the opportunity to study Portuguese in India.

The PL courses welcome students from several academic centers of the university, such as *School of Language, Literature and Culture Studies* and

1. Language spoken in Kerala, South India.
2. Language spoken in West Bengal
3. Hindi and English are the languages most used for communication in the JNU.

also *School of International Studies* and *School of Social Sciences.* Most of the students who attends the PL course aims to reach an increasingly growing labour market in India, especially in relation to the emerging economic blocs. However, although this economic sector is one of the main motivating factors to learn the language, the students try to interact with the language, as they take interest to understand it as a cultural, artistic and historical event. In an attempt to bring the reader in a closer contact with this reality, we selected excerpts from texts written by students which describe their relation with the language[4]:

> The Portuguese language allowed me to know new dimensions in life not only as culture, geography, linguistic, history, but also human values, new ways of living life. In class we learned that Portuguese is spoken in more countries like Angola, Timor and others that are part of the CPLP[5]. It was a wonderful experience to be able to learn this language as beautiful and affectionate as the natives who speak it. (*BA Indian student from JNU*)

> I always considered Portuguese language as a sister of my native language (Spanish) and never understood why it was never taught in high school or college since Brazil is so close to our Spanish speaking countries, from which we consume music, TV shows and even do important business with it. I only have the opportunity to learn it until I was studying my master, and as student of linguistic I could not let this pass anymore. (*MA Colombian student from JNU*)

> It is said that learning a foreign language is like having another soul and it can be learned easily by knowing more about the culture of the particular country in which that language is spoken. If I get the opportunity I would like to do research on the similarities and differences between the societies of Indian and Brazilian, as both countries can learn a lot from each other's historical experiences. (*MA Indian student from JNU*)

---

4. The students' speeches were transcribed *ipis litteris.*
5. Comunidade dos países de língua portuguesa (Community of Portuguese Language Countries)

When students mention expressions such as "allowed me to know new dimensions of life... new ways of living", "I always considered Portuguese language as a sister of my native language", "learning a foreign language is like having another soul", we realize that the language for them is not only an instrument of communication in which syntactic structures are combined, but also presupposes the act of contextualizing this use. They understand, therefore, that learning a language means being able to access the secrets of other cultures and discover the most diverse ways of living and dealing with the language, an experience that contributes to the socialization of knowledge, in order to open the way for intercultural exchanges.

In the process of intercultural learning - thinking more specifically in the contexts of India and Brazil - it is possible, for example, to know PL by understanding the history and tracing diverse cultures: walking interactively through the streets of Goa, describing its architecture and reading front stories with words written in Portuguese are aspects that can be easily related to the historical centers of Brazil, like city of Salvador-Bahia, Olinda-Pernambuco, Ouro Preto-Minas Gerais, among many others. This relationship of interculturality is also evoked through scents of Indian spices, well present in those countries that have PL as their official language and in so many other places in the world, where cultures and languages interact.

Thinking in these ways of learning and experiencing the PL we have organized this book, which is special for the year of 2018: the year India and Brazil complete 70 years of diplomatic relations. During this period, the two countries had many partnerships, including the Brazilian lectureship in JNU[6]. The initiative has promoted an enriching dialogue not only among students, who have had the opportunity to improve their knowledge about aspects of Brazilian culture and other countries that make up the CPLP through language and literature, but also for Brazilian lecturers who have the chance to deepen their knowledge, and learn and interact with the culture of the country in which they teach as outsiders.

We believe this book discusses not only the historical path of PL in different contexts, but also make readers think about the language requirements of the 21st century. Issues such as interculturality, identity processes, decolonization of knowledge, breaking of borders, and language policies to promote

6. JNU-Brazil lectureship takes place since 2006.

this language are themes that guide discussions in times of globalization. Therefore, reflecting on these issues has a direct repercussion on the choice of teaching methodology, positioning on the concept of language, elaboration of didactic material, and above all, promoting a dialogue between professionals working on different fronts, thus opening a space for deepening discussions and re-thinking about our visions and practices regarding the teaching of the PL in different contexts.

The dialogue on PL promoted in this book starts from different realities, involving countries from different regions of the world: India, (New Delhi and Goa), Macao, East Timor; Angola, Mozambique, Egypt; Mexico and Brazil. This mixture of places and regions reinforces the importance of establishing a wider and rich discussion on the theme of interlinking of knowledge and that calls for new learning and perspectives. To that end, we present the chapters that compose that important work with texts in English and Portuguese, as described below:

In the first chapter *Subsidies for a Lusophone Conceptualization,* Regina Pires de Brito analyses the concept of Lusophony. According to the author, the Lusophone space opens cultural and geographical diverse context, which does not mean "smooth sailing", using here her words, but it is extremely necessary to pay attention to these ways. The analysis brings up a rich discussion about the term Lusophony starting from a linguistic and historical-cultural perspective which highlights places like Angola, Brazil, Mozambique and East Timor. She considers, therefore, Lusophony as a plural idea that allows reflecting about the function that the Portuguese language assumes in various contexts and in the construction of identities.

Helder Garmes and Cielo Festino, in chapter *Goan Literature in Portuguese,* introduce a brief panorama of Portuguese literature in the PL of Goa. They not only emphasize its presence over there but also affirm its importance for the understanding of cultural formation of the state and of India itself. Remembering that India has been a multilingual country, this multilingualism still marks its presence in Goa, because historically it has been a state language along with Konkani, Marathi, English, among others. The authors add that apart from a monolingual context one should consider contributions of Portuguese language and literature of Goa for the Indian literature. From the presented perspective, in theoretical terms, studying this context also makes room for recent discussions of world scenario, the example of the resistance of local cultures, hybridisms, multiculturalism, gender prejudice, castism and many other questions

In the third chapter *Local Hurdles to Imperial Design: A Historico-Empirical Perspective of Portuguese in Goa,* Sovon Sanyal does a historiographical study on the presence of the Portuguese language in Goa when it was still a colony of Portugal. He points out how Portugal used its language for political and spiritual subjugation in Goa. The Church and the Crown worked together in Goa to Lusitanise its inhabitants. Decrees were issued by the Church and the Goan Councils prohibited the use of Konkani in public and private. Both Catholics and Hindus were punished for speaking and reading in their mother tongues. Due to the faulty and narrow language policies of the Portuguese government, neither Portuguese was accepted by the people nor did Konkani flourished. Even after four hundred and fifty years of Lusitanisation, he mentions that barely 2% of the Goan population speak Portuguese.

In *Macau: De Políticas Linguísticas a Novos Contornos Literários*, Monica Simas raises the relevant questions about the characterization of literature of Macao, emphasizing the importance of the coexistence of the languages, such as Chinese, Portuguese and English. According to her, for characterizing a literary project of Macao it is necessary to consider some principles: the interaction between the different communities of the region; reflecting on the complex triad of production, reception and circulation; and recognizing different levels of history present there. The author analyses some recent linguistic policies adopted by the Government of Macao, above all, in relation to the presence of Portuguese in this context. The text also calls for the attention of the idea of a multilingual literature emphasizing different identities in which it would be possible that the Sinophone and Lusophone capital coexist. According to the author, through the analysis of the analogies between language and literature it is possible to give voice to the intercultural modes of identification and to favour what she terms as "community friendliness" where it would be possible to highlight the multiculturalism of different social groups.

In the chapter *East Timor, Portuguese and Tetum: A Necessary Coexistence*, the Timorese linguist Benjamim Corte-Real along with Regina

Pires de Brito seek to analyze motives that makes the coexistence between PL and the Tetum something of importance for the small South Asian country of East Timor. For this, they bring a pair of events that took place between the years 1975-1999, when, before Portuguese colonization, this country was invaded by the Indonesians. The authors emphasize in this context the politics of "detimorization" that was applied by Indonesia dominance in which, in linguistics term, represented the inclusion of a new form of colonization, manifested in three aspects: imposition of Indonesian language; minimization of the use of national language, the Tetum; prohibition of speaking in Portuguese language. When Timor finally became independent and constituted the Democratic Republic of East Timor, in may 2002, the Portuguese along with Tetum were declared official languages. But what would be the importance of Portuguese language in this scenario? In their detailed linguistic analysis, Brito and Corte-Real show in this chapter the motives that make Portuguese a supplementary and complementary language to Tetum.

In the next chapter, *Brazil and East Timor: Teacher Education Program and the Teaching of Portuguese Language*, Suzani Cassiani and Márcia V. Cavalcante provide an analysis of the program "Qualification of Teachers and Teaching of Portuguese Language in East Timor" (PQLP), highlighting questions and thoughts about learning acquired in this process. The authors specifically raise the following questions: what is necessary for a teacher who works on cooperation in complex intercultural contexts? How does one produce and implement emancipator practices that aim at the decolonization of knowledge? How does one carry out cooperation without an implicit idea of a new colonization? With the objective to deepen understanding around these questions, they bring together the influences of the educational actions that occurred through the cooperation between the two countries. In this chapter, they show us how the program has been changing over the years due to Timorese demands, and highlight shared knowledge of this South-South experience, which involved mutual collaboration.

In *Graduaçao em Língua Portuguesa no Egito*, Maged Elgebaly describes the challenges and the outcomes obtained since the creation of the first Bachelor course in Portuguese language and literature in the Aswan University in Egypt. Elgebaly, after returning to Brazil with the completion of his Ph.D in literature in Portuguese language, in 2014, implemented the course considering three principles: reflexive, interactive and creative character. In the process of elaboration of the discipline, he indicates the importance of interaction of social media (whatsapp, facebook), the choice of teaching material and the relevance of studying the Portuguese language not only for the understanding of sociocultural context of the countries that speak this language as official, but also for the understanding of the historical-cultural aspect of Arab world. According to him, all these activities allowed the development of dialogues between the secular and religious culture and the critical thinking of the tradition of the older generation, enabling students to think interculturally about their reality and exposing them to cultural difference. The chapter invites each reader to travel in this journey through Egypt, having PL as an important vehicle.

In the following chapter *Contribuições para a Prática da Interculturalidade: Uma Abordagem Linguística e Sócio-Cultural do Texto Literário*, Orlanda Gomane and Sara Laisse discuss the importance of the practical application of sociocultural literary text in the classroom. In Mozambique case, there are many texts which highlight identity marks of ethnic groups and thus contribute to the development of the interculturality of this country through the valorization of its multiethnic, plurilingual and multicultural characteristics. The analysis of the sociocultural identification of informant-students is made through the tale "Um pequeno em Chiluto", written by Aníbal Aleluia, extracted from *Contos do Fantástico*. The authors conclude that the approach of a literary text should incorporate in a reinforced way, beyond the linguistic, a sociocultural dimension of the students in the given situation, opening the field of the knowledge of 'other', in this way making the classroom representations of absent cultures possible.

Márcio Undolo, an Angolan linguist, presents us the chapter *Elementos da Norma Culta do Português angolano: Sistemas Vocálico e Consonântico* which aims to share some partial results of a linguistic research project focusing on Angolan Portuguese, abbreviated as AP. According to the author there is a debate about the view that, in Angola, a specific norm is already under construction that has governed the linguistic behavior of its speakers in a formal situation of communication, contrary to the standard of European Portuguese, abbreviated as EP. There are, in fact, conflicts that can take on different values: social, cultural, academic, economic, among others, given that, in Portugal, there is a considerable proximity between the cultured norm and the standard norm of the EP; however, in Angola, there is a marked and systematic gap between the cultured norm of AP and the standard norm of the EP. In AP, pointing out one of the main brands, says Undolo, it is noted that the tendency to reduce and/or to simplify the vowel system in an unstressed position; and in relation to the consonant system, leads towards a more complex and numerous system than that of the EP.

In the chapter *The Teaching of the Portuguese Language in Mexico: Interculturality and the Use of the IT's,* Rodrigo Florencio da Silva invites us to know the context of the Portuguese language in Mexico. The author informs us about the current teaching framework of the language, and points towards what motivates the public to be interested in the language. He mentions one of his experience in language teaching at the Language Center in Zacatenco of the National Polytechnic Institute. The author describes the importance of including the cultural aspects in the language classes as a way to involve students in the culture of the target language. He emphasizes that in working with interculturality and *IT's*, in this case, online radios via Internet, Youtube and Skype, students can understand regional, cultural and artistic expressions that could only be learned by visiting the country. In addition, language teachers have infinite possibilities to innovate in their classes and improve their practice.

The final chapter, *O Sistema de Normas e a Evolução Demolinguística da Língua Portuguesa* consists of a study that raises important questions about the future of the PL. The experienced linguist Gilvan Muller discusses the normative processes of language and preliminarily explores scenarios for the management of the standards of PL system in the light of geopolitical changes planned for the second half of the 21st century. According to the author, PL's system of norms has been characterized since the beginning of the twentieth century by the dualism between the normative processes of Brazil and Portugal, which led to two non-cooperative norms. The Portuguese standard was adopted by the new independent PL nations after 1975. Demographic projection data for PL countries up to the year 2100 points towards a high population growth in PALOP[7] in the coming decades, especially Angola and Mozambique, and for a population decrease in Brazil and Portugal, in such

7. Portuguese-speaking African countries.

a way that a large part of the PL speakers would be in the Southern Africa (Angola and Mozambique) at the turn of the century.

You will notice in the reading of the book *Portuguese Language in India and in Other Lands* that although each one writes from their own context, the chapters are very well-connected. After having read each chapters of the book, one is left with the impression that all authors are seated around a large table or simultaneously connected on a virtual platform, having a meaningful dialogue about aspects surrounding the teaching of PL nowadays. Such attunement in the writings symbolically represents the commitment of each author to the study, theoretically and practically, on issues related to the PL. It is possible to identify in each one's discourse that they use common terms such as: interculturality, decolonization, identities, Lusophony (s), plurilingualism, but it is also important to emphasize that despite this harmony in the discourses present in this book, each text presents its peculiarities. This is due to the language in its constant movement of linguistic, cultural and socio-historical interaction. We hope that this will be only the first of our hallmark work from the *School of Language, Literature and Culture Studies* (JNU, India) in terms of building dialogue in these dimensions, after all, there is still much more to spread, to discuss and to learn about the subject.

The editors.

1

SUBSIDIES FOR A LUSOPHONE CONCEPTUALIZATION[1]

Regina Pires de Brito

When the population data of the Portuguese-speaking countries (Angola, Brazil, Cape Verde, Guinea-Bissau, Mozambique, Portugal, São Tomé and Príncipe, and East Timor) has been summed, along with the countries of the diaspora, an estimated 250 million users of the Portuguese language are found – a number which is, of course, imbued with varying degrees of knowledge, proficiency and presence in daily interactions.

Portuguese has about 30 thousand kilometers of frontiers with other languages, it is one of the only three languages used in all continents, and none of those 8 Portuguese-speaking countries border on another Lusophone. Besides that, in the last years, the growth and rise of appreciation for Portuguese has been noted in the world, along with a spotlight on the economy and culture of some of those Portuguese-speaking countries.

While on the subject of geopolitical economy, Portuguese is the administrative and working language of 27 international organizations and the official language in 6 (of the 17) regional economic blocs: MERCOSUL – Southern Common Market (Brazil), EU – European Union (Portugal), ASEAN – Association of Southeast Asian Nations (East Timor), SADC – Southern African Development Community (Angola, Mozambique), CEEAC – Economic Community of Central African States (Angola and São Tomé and Príncipe), ECOWAS – Economic Community of West African States (Cape Verde and Guinea-Bissau). Finally, considering social media, Portuguese is

1. Chapter translated by: Gabriella da Silva Araujo

the 4th most used language on Twitter[2], the 5th in Internet users[3] and the 3rd on Facebook[4].

From that brief panorama, the area of the Portuguese language's officialdom can be characterized not only by its impressive extension, but also by the diverse realities, frequently demonstrated by dimension, by socioeconomic conditions, by political situation, by HDI[5] indicators... In all, this Lusophone community lives and uses, singularly, a common official language, specifically characterized in each of its multiple contexts, validating the Lusophony of those who *also* speak Portuguese (and, here, it is quite possible to say *Lusophonies*).

We start with a Lusophony conceptualized as a symbolic area – linguistically, but also as a culture area (Martins, 2006). Beyond that: an area constructed in the intersection of cultures which also express themselves in Portuguese, an inter(multi)cultural area. We are speaking of a Lusophony whose identity is constructed in a continuous dynamic of identity knowledge and recognition, in which differences and affinities are distinguishable. A legitimate Lusophony, that notes the different roles that the language takes on in each place, that is edified by the evocation of diverse accents, and that, in the end, points to a conceptualization free of the discomforts that the word might carry in anachronistic discourses because of its identification with a centralization of the Lusophone world in relation to the other official Portuguese-speaking countries. The Lusophony that makes sense – the one for which we advocate – capable of establishing a dialogue between cultures, has centers everywhere (or no center at all), as, in a certain way, Celso Cunha already pointed out in the second half of the 20th century:

> [...] for the current generation of Brazilians, of Cape Verdeans, Angolans, etc., Portuguese is a language that belongs to them just as much as to the

2. Languages online: As línguas na internet, OLP, 2012. Retrievable from www.observatorio-lp.sapo.pt/pt/dados-estatisticos/as-linguas-na-internet/as-linguas-no-twitter.
3. Internet World Users by Language - Top 10 Languages, 2010. Retrievable from www.internetworldstats.com/stats7.htm .
4. Top 10 Fastest Growing Facebook Languages, 2012. Retrievable from www.socialbakers.com/blog/1064-top-10-fastest-growing-facebook-languages.
5. HDI: Human development Index

Portuguese nation. And, in certain ways, for justifiable reasons in the Romania Nova, the language has continued to be stronger in the ancient Metropolis. [...] **That Portuguese republic does not have a delimited capital. It is not it Lisbon, nor in Coimbra; it is not in Brasilia, nor in Rio de Janeiro. The capital of the Portuguese language is wherever the cultural meridian is found**. (Cunha, 1964, pp. 34 & 38)[6] (Bolded emphasis added)

As such, we understand as a viable Lusophony one which is simultaneously pluri-centric (or even "de-centric"), markedly heterogenic, disconnected to retrograde sentiments and stereotypical representation – in other words, the true Lusophony must be *plural*; therefore, *Lusophonies* – as Mia Couto[7] proposed.

To reflect on Lusophony(ies) is to observe the functions that Portuguese takes on in the realm of its official usage, in the diaspora and in its representation around the globe – respecting specificities, validating differences, and considering similarities which structure a sense of identity (or identities) in the Lusophony(ies). To this scenario, we add experiences in the Portuguese language. Experiences which we translate in a perspective of interaction, of global cultural exchange, of a certain intercultural ability that can contribute to mitigate the misunderstandings among men and to establish bridges between different cultures. That perception of inter-culturalism, applied to the

6. "[...] *para a geração atual de brasileiros, de caboverdianos, angolanos, etc., o português é uma língua tão própria, exatamente tão própria, como para os portugueses. E, em certos pontos, por razões justificáveis na România Nova, a língua se manteve mais estável do que na antiga Metrópole. [...] Essa república do português não tem uma capital demarcada. Não está em Lisboa, nem em Coimbra; não está em Brasília, nem no Rio de Janeiro. A capital da língua portuguesa está onde estiver o meridiano da cultura.*" (Cunha, 1964, pp 34 & 38)
7. In an interview to the Brazilian newspaper O Estado de São Paulo, on August 19th, 2010, when at the 21st São Paulo Book Biannual, on Lusophony, Mia Couto said, "I think it is important to question the idea of Lusophony. And notice that the concept if plural: there are Lusophnies. The idea of the Lusophone Community is that of a construction that corresponds to personal political interests. The cultural creators should be capable of questioning that singular model that is proposed to us". (Retrievable from http://www.pglingua.org/especiais/espaco-brasil/2722-bienal-de-sao-paulo-discutira-a-lusofonia)

Lusophone context, comes from knowing ourselves so that we may learn to draw new meanings from our own ways of communicating, creating meanings that make sense to others. An adequate understanding of Lusophony requires, ultimately, that we *know* ourselves so that we *recognize* ourselves in others and before others.

That interculturality movement within the mastery of a common language, which groups a community of Lusophone speakers, is disquieting, compelling us to see that our interaction with other peoples who hold Portuguese as their official language allows for the sharing of a language that represents different worldviews, that intersect and *intrasect*, but that shouldn't suffocate each other. In such case, a tolerant coexistence is desired, stemming from an awareness that it, that same language spoken by all, can be as many as necessitated by the realities represented by each.

Addressing the topic of "Lusophony", therefore, does not mean smooth sailing, or as said in Portuguese: *não é percorrer caminhos serenos* – be it those traversed by politicians, be it those traversed by academics or the literati. In the search of a synthesis of the sensations the expression elicits, the Mozambican journalist Eduardo Namburete (2006, p 64) differentiated the *obviousness* with which the question of Lusophony is treated in Portugal, to the *naturality* as the subject if broached in Brazil, to the *awareness of necessity* of Portuguese for the strengthening of cooperation mechanisms and the reconstruction of a new nation as East Timor faces the issue, and the *skepticism* with which the subject is inevitably faced on the African side.

Over the last 15 years especially, there have been debates, oscillating from the cultural penetration of the corporate invasion on, one side, and the positions that emphasize the benefits this language provide, or could provide, in the various sectors of life in each of those countries, on the other.

From the African point of view, there are considerations in regard to the imprecision and political pressure that surround the concept – for example, the Angolan historian Carlos Pacheco (2000) notes that Lusophony is "like a vague concept, a political and cultural strategy without any correlation with the soul and feelings of the African peoples."[8] Others, like the linguist Vatomene

8. "*como um conceito vago, uma estratégia política e cultural sem qualquer correspondência com a alma e o sentir dos povos africanos*" (Pacheco, 2000)

Kukanda, understand that the fact that Angola belongs to the Community of Portuguese Language Countries (CPLP) and to the Portuguese-Speaking African Countries (PALOP – also known as Lusophone Africa) "could reinforce that presence (of Portuguese in the territory) if clear and consistent linguistic politics were applied to the teaching of the Portuguese language on the one hand, and to the native languages on the other." (Kukanda, 2000, p.112).[9] Regarding communication studies, Namburete concludes:

> The largest conflict resides in the very definition of the expression. Lusophony, which places a larger emphasis on the Portuguese language, with the intent, as such, to create a parallel with Francophonie and other -phoníes. That characterization impoverishes a concept that should be more encompassing, comprising therein the historic, cultural, economic, emotional, mental, linguistic, political, and other factors of the inter-relations that are common to the countries and communities whose past have Portuguese traces. (2006, p. 73)[10]

In 2002, during the *V LUSOCOM*, which took place in Maputo, we participated in debates involving the issues of the languages spoken in Mozambique, in a scenario that focused on the role the native languages played in the Lusophone community. In that occasion, Gregório Firmino (2002, p. 304), in the discussion on the recognition of the roles the local languages and Portuguese take on as a consequence of being incorporated into the Mozambican social activities, pointed out that Portuguese and the native languages associate with each other in order to carry out tasks in the contexts of the rhetoric systems, indicial and ideological, configured by the nature of the social relations which characterize Mozambique's contemporary society.

---

9. "*poderia reforçar essa presença [do português no território] se uma política linguística clara e consequente fosse aplicada perante o ensino da língua portuguesa dum lado e das línguas autóctones do outro.*" (Kukanda, 2000, p. 112)
10. "*o maior conflicto reside na própria definição do termo lusofonia, que coloca maior ênfase na língua portuguesa, procurando deste modo criar um paralelismo com a francofonia ou outras fonias. Essa caracterização empobrece um conceito que devia ser mais abrangente, englobando aí as inter-relações histórica, culturais, econômicas, emocionais, mentais, linguísticas, políticas, e outros factores que são comuns aos países e comunidades cujo passado tem marcas portuguesas.*" (Namburete, 2006, p. 73)

In turn, Armando Jorge Lopes (2002, pp. 1-5) stressed the development and necessity of the descriptive study of Mozambican Portuguese, whose *Mozabicaness* makes this variety distinct from Portuguese in its European or Brazilian dimensions. The substantial contribution of Linguistics such as Lopes (1997, 2002, 2013) seems to us indispensable in order to contemplate the Lusophone area as a whole, as of reflections and recommendations on Linguistic Policy and Planning – here, in Mozambique, but perfectly applicable to other multilingual contexts.

In the Asian context of official use of Portuguese[11], namely East Timor, normally, the perspective if encased in a certain awareness of the necessity of the spread of Portuguese for the strengthening of the cooperation mechanisms and the reconstruction of the nation, according to the words of the leader of the Resistance and the first president of the Democratic Republic of East Timor[12], Xanana Gusmão[13]:

> The political option of a strategic nature that East Timor established with the constitutional consecration of Portuguese as its official language, on the same level as the national language, reflected the statement of our identity by the difference that was imposed on the world and, particularly, our region where, it should be said, there were also similarities and ties of an ethnic and cultural character with the closest neighbors. Maintaining that identity is vital to consolidate a national sovereignty[14].

---

11. See, for example, Brito & Martins (2004), and Brito (2013a).
12. A Portuguese colony since the 16th century, East Timor was occupied by Japan and Australia during the Second World War, and suffered under Indonesian control from 1975 to 1999. It was the victim of a brutal repression. Their Indonesian invaders forced them to learn their language – Bahasa Indonesia – and prohibited the use of Portuguese, as well and reducing the permission of the national language, Tetum. With their independence and the formation of the Democratic Republic of East Timor, in May 2002, the Portuguese Language assumed the role of Official Language, next to the Tetum Language.
13. Elected in May 2007 as President was Nobel Peace Prize winner José Ramos-Horta, and indicated for the role of Prime Minister was former President Xanana Gusmão. In 2012, Taur Matan Ruak was elected president, while Xanana Gusmão was kept on as Prime Minister.
14. "*A opção política de natureza estratégica que Timor-Leste concretizou com a consagração constitucional do Português como língua oficial a par com a língua nacional, o tétum, reflecte a afirmação da nossa identidade pela diferença que se*

In this case, it is worth bringing up the perspective of Australian linguist Geoffrey Hull, a specialist in the East Timor languages:

> If East Timor desires to maintains a relationship with its past, it should maintain Portuguese. If it chooses another path, a people with a long history will become a nation of amnesiacs, and East Timor will suffer the same destiny as all those countries that, turning their backs on their past, have deprived their citizens of the knowledge of the languages that played a vital role in the genesis of the national culture. (2001, p. 39)[15]

It should be highlighted, however, that such a view is not only of the academics, linguists and politicians. In different moments, through contact with diverse groups, we have documented declarations from the Timorese citizens with a common attachment and recognition of the Portuguese language[16]. Thus, both individuals over 40 years of age, who bring with them a *Portuguese from memories before 1975* and the youth (of the generation educated in the Bahasa Indonesian language) in some way mirror the same discourse conveyed by authorities, and speak of the necessity of the Portuguese language for the preservation of the Timorese identity and of the importunate of the cooperation of other "Lusophone" countries for the future of East Timor.

In Brazil's case, there is no visible discomfort, at least with respect to the use of the expressions Lusophony. Be it because of ignorance, be it of evoking, in today's Brazil, a country that we "discovered"; the fact is that the

---

impôs ao mundo e, em particular, na nossa região onde, deve-se dizer, existem também similares e vínculos de carácter étnico e cultural, com os vizinhos mais próximos. Manter esta identidade é vital para consolidar a soberania nacional." [President Xanana Gusmão's speech, proffered in Brasilia on August 1st, 2002, during the IV Conference of the heads of State and Government of the CPLP – Community of Portuguese Language Countries.] [Retrievable from www.cplp.org/noticias/ccegc/di7.htm]

15. "*Se Timor-Leste deseja manter uma relação com o seu passado, deve manter o português. Se escolher outra via, um povo com uma longa memória tornar-se-á numa nação de amnésicos, e Timor-Leste sofrerá o mesmo destino que todos os países que, voltando as costas ao seu passado, têm privado os seus cidadãos do conhecimento das línguas que desempenharam um papel fulcral na gênese da cultura nacional.*" (Hull, 2001, 39)
16. Regarding this, we revert to, for example, Brito (2010 and 2013b).

common citizen typically is not troubled with the pretense of a "Lusophone community", the more so because Brazilians many time denominate the language they speak not as Portuguese, but as an accepted "Brazilian language".

Dealing with this issue takes us, as well, to Brazilian sociologist Gilberto Freyre and to title such as *The Masters and the Slaves* (1933), *O mundo que o português criou* (The World that the Portuguese created – rough translation) (1940), *Aventura e rotina* (Adventure and Routine – rough translation) (1953), and *Um brasileiro em terras portuguesas* (A Brazilian in Portuguese Lands – rough translation) (1953). Forgetting for a moment the discussions regarding his collaboration with the Salazar regimen, Freyre's Luso-tropicalism[17], basing itself in the idea of blending (which, in the case of Portuguese, would have made all the difference in relation to other European colonists) is not only a racial phenomenon, but mainly, considering its sociocultural dimension, it emphasizes an original condition that had led the Portuguese people to promote the racial, linguistic and cultural interpenetration, combining European culture with tropical culture (Magalhães, 2003, p. 101). Therefore, it is not illogical to recognize that the expansion of the Freyrian idea of a "Lusophone" world, grounded in other planes besides the linguistic, contributed, for example, to: the creation of the International Portuguese Language Institute (IILP) (1989); the Constitutive Declaration of the Community of Portuguese Language Countries (1989); the signing of the Portuguese Language Orthographic Agreement of 1990, and the creation of the Community of Portuguese Language Countries (1996), which was aforementioned.

From a linguistic viewpoint (without any chronological concerns), we evoke Fiorin (2006), to whom Lusophony makes sense once understood, consented to, and felt, and lived as a community without hierarchy, grounded in equality:

> So that Lusophony can be a significant symbolic area for its inhabitants, it is necessary for it to be a area where all the linguistic variations are, reverently, treated on equal terms. […] Evidently, Lusophony has its origins in Portugal and that needs to be recognized. Nonetheless, what is expected in the construction of the Lusophone enunciative area is a community of equals, that have the same origin. To defend the idea of a

17. We look to the considerations made by Martins (2006 and 2011), and Dimas (2006), for example.

significant Lusophony represents, at least, to seek an integration of the unit and variety, recognizing the "owners" of the Portuguese Language and undertaking the sense of cultural diversity/plurality as an inherent characteristic of the concept. (2006, p. 46).[18]

In 1986, this approach was, to some extent, foretold, in the Guidelines for the Refinement of the Teaching and Learning of the Portuguese Language[19] by Brazil's Education Ministry, elaborated by the philologists Celson Cunha, Celso Luft and Edgar Renault:

> The emergence of linguistic varieties postulated the existence of two or more Standard Languages within the same language and culture. This is what happens in our language in Brazil, in Portugal, in Angola, in Mozambique, in Cape Verde, in Guinea-Bissau, and in São Tomé and Príncipe. The concept of an Erudite Language, associated with a Standard Language, does not coincide with that of language and culture. Culture languages offer a universal feature to the millions of users of the language, each of which can preserve, at the same time, national, local, regional, sectional and professional uses. (1986, p. 5)[20]

---

18. "*Para que a lusofonia seja um espaço simbólico significativo para seus habitantes, é preciso que seja um espaço em que todas as variantes linguísticas sejam, respeitosamente, tratadas em pé de igualdade. [...] Evidentemente, a lusofonia tem origem em Portugal e isso é preciso reconhecer. No entanto, o que se espera na construção do espaço enunciativo lusófono é a comunidade dos iguais, que têm a mesma origem. Defender a idéia de uma lusofonia significativa representa, pelo menos, buscar uma integração entre unidade/variedade, reconhecendo que são muitos os "proprietários" da Língua Portuguesa e assumindo a noção de diversidade/pluralidade cultural como característica inerente ao conceito*" (Fiorin, 2006, p. 46)
19. "*Diretrizes para o Aperfeiçoamento do Ensino/Aprendizagem da Língua Portuguesa*"
20. "*A emergência de variedades linguísticas postulou a existência de duas ou mais normas cultas dentro de uma mesma língua de cultura. É o que ocorre com o nosso idioma no Brasil, em Portugal, em Angola, em Moçambique, em Cabo Verde, na Guiné-Bissau e em São Tomé e Príncipe. O conceito de língua culta, conexo ao de norma culta não coincide, pois, com o de língua de cultura. As línguas de cultura oferecem uma feição universalista aos seus milhões de usuários, cada um dos quais pode preservar, ao mesmo tempo, usos nacionais, locais, regionais, setoriais, profissionais.*" (Cunha, Luft & Renault, 1986, p. 5)

It is, therefore, in a geographically disperse context, naturally multi and pluricultural, of various linguistic systems and of different rules to the Portuguese language, that it is possible to reflect upon and dream the language and the Lusophone identities. As such, Lusophony legitimizes itself only when we understand it as plural, and when different voices are recognized and respected within it. Fiorin (2006) makes it clear also that Lusophony cannot be looked at simply as an *area of Portuguese users*, because if every language has both a symbolic function as well as a political role, then Lusophony must also be thought of in that way. In this respect, according to Martins:

> [...] Lusophony will only be able to be understood as a cultural area. And as a cultural area, Lusophony cannot cease to refer us to that which we might call the fundamental indicator of the anthropological reality. In other words, for the indicator of humanization, which is in the imaginary territory of views, traditions and language that lays claim to Lusophony, and that is in the end the territory of cultural architypes, a Lusophone collective unconscious, a mythical background from which dreams are fed. (2006, p. 56)[21]

The plurality of the sensations and feelings that the mere evocation of the works provokes, however, needs the awareness and the (self)awareness of the historic-cultural image of each of those areas which are called "Lusophone Community". As Eduardo Lourenço warns: "[…] there is no reason to not seriously dream – even with the included dangers of delirium – of a community with linguistically Portuguese roots […], to seriously dream of it means to not be its only dreamer and to know that others do not dream it as we do[22]." (2001, p. 166).

---

21. "[...] *a lusofonia só poderá entender-se como espaço de cultura. E como espaço de cultura, a lusofonia não pode deixar de nos remeter para aquilo que podemos chamar o indicador fundamental da realidade antropológica, ou seja, para o indicador de humanização, que é o território imaginário de paisagens, tradições e língua, que da lusofonia se reclama, e que é enfim o território dos arquétipos culturais, um inconsciente colectivo lusófono, um fundo mítico de que se alimentam sonhos.*" (Martins, 2006, p. 56)
22. "[...] *não há razão para não sonhar a sério – mesmo com os perigos de delírio que comporta – uma comunidade de raiz linguisticamente portuguesa [...], sonhá-la a sério significa não ser o único sonhador dela e saber que os outros não a sonham como nós.*" (Lourenço, 2001, p. 166)

In truth, from the perspective of the colonized, it is difficult to dissociate the colonial historic past form the meaning that the dictionaries offer of the word *Lusophone*: etymologically, the abstract noun **Lusofonia** is connected to "Lusitânia", a Roman province pertaining to Hispania, inhabited by the Lusitanians; the term **luso**, from the Latin *lusu*, refers to *lusitano*, Portuguese, related to Portugal, and the term (of Greek origin) **phone** is related to sound, voice, word, language. It is through this, therefore, that the most common definition is found and disseminated: that of covering the Portuguese speaking countries. In a broader sense, it is common to apply the term "Lusophone" to the individuals who have in common the Portuguese Language and that share cultural and historical elements.[23]

Historically, the idea of "Lusophony" came about with the Portuguese maritime expansion starting in the 15th century, which spread and, up to a certain point, disseminated their language and culture throughout the world through the missionaries and colonists. As "theorists" of that "Lusophone" ideology, literature quotes Father Vieira and the Fifth Empire Messianic Project, an empire with a religious and universal nature, and Fernando Pessoa with the conception of the "Fifth Empire" as an "empire" of the Portuguese Language – a cultural area.

In "public speeches", an idea of Lusophony is presented as being a linguistic-cultural communication system in the realm of the Portuguese Language and in its linguistic variations that, in the geo-social-political sense, encompasses the countries that have adopted Portuguese as its mother tongue (Brazil and Portugal) and official language (Angola, Cape Verde, Mozambique, São Tomé and Príncipe and Guinea-Bissau – members of the *Portuguese-Speaking African Countries – PALOP*) – and East Timor. In order to illustrate this discourse, we have transcribed the statements given by Jaime Gama, Portugal's Minister of Foreign Affairs, in Cape Verde in 1983:

> [...] the most adequate process for making more consistent and decentralizing the transcontinental dialogue of the seven Portuguese-speaking countries spread through Africa, Europe and America would be holding rotating biannual summits of the heads of State, promoting annual meetings of the Foreign Affairs ministers and regular meetings

23. See Brito & Bastos (2007), in which we suggest the need of a resemantization of the term "Lusophony", disconnected from the etymological perspective.

of representative at the UN or other international organizations, as well as going ahead with constitution of Portuguese-speaking group at the heart of the Interparliamentary Union. (apud Magalhães, 2003, p. 107).[24]

Nonetheless, Lusophony cannot be restricted to the boundaries circumscribed by national territories. First, it is necessary to consider the various communities spread throughout the world and that make up the so called "*diáspora lusa*" (or, "Luso diaspora"), and the places where the Portuguese language might be held as a language of "use", but where it is in fact little used: Macao, Goa, Diu, Daman, and Malacca. Furthermore, Lourenço (2001) points out, stringently, that a complete Lusophony in inconceivable without the inclusion of Galicia:

> [...] how can we imagine the Lusophone area, in so far as it is the horizon by which we register the *Community of Portuguese Language Countries*, without including Galicia? [...] given the historic and political context of the peninsula to which we belong, was it not questioned that Galicia was not present and was not included in the new desired Lusophone community, beside its formal existence, its vitality and future. (2001, p. 178)[25]

With relation to the *Community of Portuguese Language Countries* (CPLP), there are some considerations to be made since much is referred to as "Lusophone" – but is not. It is an intergovernmental organization that gathers

24. "[...] *o processo mais adequado para tornar consistente e descentralizar o diálogo transcontinental dos sete países de língua portuguesa espalhados por África, Europa e América seria realizar cimeiras rotativas bienais de chefes de Estado ou de governo, promover encontros anuais de ministros de Negócios Estrangeiros e encontros regulares de representantes na ONU ou em outras organizações internacionais, bem como avançar com a constituição de um grupo de língua portuguesa no seio da União Interparlamentar.*" (Gama apud Magalhães, 2003, p. 107).
25. "[...] *como imaginar o espaço lusófono, e na medida em que ele é o horizonte onde inscrevemos a Comunidade dos Países de Língua Portuguesa, sem incluir nele a Galiza? [...] dado o contexto histórico-político da península a que pertencemos, não se estranhou que a Galiza não tenha estado presente e fosse incluída na nova comunidade de referência lusófona a que se deseja dar, além da vida formal, vitalidade e futuro.*" (Lourenço, 2001, p. 178)

nine[26] countries that hold Portuguese as their official language and embraces countries that hold a status as *Associate Observers* (such as the Republic of Mauritius, since 2006, and Senegal, since 2008) and various Civil Society entities, since 2009, that have taken the role of *Advisory Observers*. Instituted on July 17th, 1996[27], according to its statutes[28], the CPLP has the following set of main objectives: the political-diplomatic collaboration among its member-States, namely for the reinforcement of its presence in the international context; the cooperation in all fields, including education, health, sciences and technology, defense, agriculture, public administration, communication, justice, public security, culture, sports, and social communication; the manifestation of projects that promote and spread the Portuguese Language.

These objectives are connected to *principles*, such as: sovereign equality of the member-States with no meddling in the internal affairs of the States; respect for the different national identities and for territorial integrity; reciprocity in treatment; the rule of peace, democracy, rights of the State, human rights, and social justice; promoting development and cooperation[29]. Another highlight is the, aforementioned, International Portuguese Language Institute (IILP), an organ of the CPLP which is specifically dedicated to the promotion of the Portuguese Language as an international language with a global reach.

The CPLP presents itself and a privileged multilateral forum for the deepening of a mutual friendship, for the diplomatic-political concentration and cooperation among its members, with the intent of uniting the Portuguese-

---

26. Beside the 8 historically linked countries (Angola, Brazil, Cape Verde, Guinea-Bissau, Mozambique, Portugal, São Tomé and Príncipe and East Timor), the Republic of Equatorial Guinea joined the CPLP as an official member in 2014.
27. While established on that date, an important step for its foundation was taken in 1989 in a meeting of the heads of States and Governments of the Portuguese-speaking countries, which took place in Brazil, at the request of then-President José Sarney. The original idea was for the creation of an International Portuguese Language Institute which would focus on the promotion and dissemination of Portuguese. Before that, however, many had already risen in defense of the need to create an organization of this nature.
28. CPLP, "Estatutos", 1996. Retrieved from http://www.cplp.org/Files/Filer/cplp/CCEG/IX_CCEG/Estatutos-CPLP.pdf .
29. CPLP, "Objectivos da CPLP", 1996 (Retrieved from http://www.cplp.org/id-2763.aspx).

speaking countries as a means to standardize and disseminate the language and increase the cultural exchange amongst them. On this ideal, in various circumstances, Lourenço refers to the CPLP *as it exists, or as we want it to exist, it would be an imaginary refuge* (2001, p. 182) – and to the ideals of Lusophony – as a *project*, a *bet*, in which *some truth* must live (since it had been "imagined" – 2001, p. 176). In the essay "Imagem e miragem da lusofonia" (Image and mirage of Lusophony) (written the same year as the CPLP was created), he clearly points out the position the Portuguese people should take in order to validate the Lusophone project:

> Only for us, the Portuguese, is Lusophony and the myth of the Community of Portuguese Language Countries imagines as an ideal totality, compatible with the cultural differences that categorize each of its components. As Portuguese, it would be impossible, and meaningless, to imagine it as such, for we are the matriarchal area of the Portuguese Language, taking it with us to the locations we touched or colonized [...] **What we cannot do is attribute to that centrality of ours, in the Lusophone sphere or any other dimension that does not partake of that genealogical essence, of strictly communicational character.** (2001, pp.179-80)[30] Bolded emphasis added.

A synthesis of the Lusophone universe – in which a viable notion of Lusophony is strived – intends to reconcile the linguistic and cultural diversities with the unity that structures the Portuguese linguistic system. In this way, as we have mentioned, a possible description presents a geographic dimension of the Portuguese language distributed throughout multiple areas, in an extensive and seamless area, and that, as any living language, internally presents itself categorized by the coexistence of many norms and rules. These, naturally diverge more or less in one aspect or another, in a distinctiveness that, while not compromising to the system, allows us to recognize different uses

30. "*Só para nós, portugueses, a lusofonia e a mitologia da Comunidade dos Povos de Língua Portuguesa é imaginada como uma totalidade ideal compatível com as diferenças culturais que caracterizam cada uma das suas componentes. Como portugueses, seria impossível e sem sentido não a imaginar assim, pois somos o espaço matricial da língua portuguesa, levando-a connosco para as paragens que tocámos ou colonizamos [...]* ***O que não podemos é atribuir a essa centralidade nossa na esfera lusófona outra dimensão que não seja essa de essência genealógica, de carácter estritamente comunicacional.***" (Lourenço, 2001, pp. 179-80) grifos nossos.

within each community. Thereby both *European Portuguese* and *Brazilian Portuguese* (and the various ways of speaking within each) are recognized, for example, in the same way that there are studies being published on Mozambican Portuguese, Portuguese of or in Angola, the creoles of Cape Verde and São Tomé and Príncipe, and East Timor Portuguese. As Lourenço (2001, p. 112) stresses: "if we want to give any meaning to the galaxy that is Lusophony, we have to live it, as much as possible, as inextricably Portuguese, Brazilian, Angolan, Mozambican, Cape-Verdean or São Tomean[31]".

That is how we can experience feelings and meanings in the interlacing of languages by Mozambican José Craveirinha, in his "Fraternidade das Palavras" (Fraternity of Words), in a natural linguistic "blending":

O céu
É uma m' benga[32]
Onde todos os braços das mamanas
Repisam os bagos de estrelas.
Amigos:
As palavras mesmo estranhas
Se têm música verdadeira
só precisam de quem as toque
ao mesmo ritmo para serem
todas irmãs.
E eis que num espasmo
De harmonia como todas as coisas
Palavras rongas e algarvias ganguissam
Neste satanhoco papel
E recombinam o poema.[33]

---

31. "*se queremos dar algum sentido à galáxia lusófona, temos de vivê-la, na medida do possível, como inextricavelmente portuguesa, brasileira, angolana, moçambicana, cabo-verdiana ou são-tomense*" (Lourenço, 2001, p. 112).

32. *m'benga* – clay pot; *mamanas* – women; *ronga* – Southern dialect of the Banto Tsonga linguistic group, spoken in a small area that include the city of Maputo; *ganguissam* – to date, see one another romantically; *satanhoco* –something inferior, common.

33. (Loose translation of the poem "Fraternidade de Palavras".) "Fraternity of Words" The Sky/It is a clay pot/where the arms of all the mamanas/Go over the grains/ berries of stars/Friends:/Even the strange words/If they have true music/Only need someone to play them/On the same rhythm to be/All sister/And it was in a spasm/ Of harmony as of all things/Ronga words and Algarve words come together/On this common paper/And form a poem.

However, the Lusophony issue cannot be centered on in the linguistic aspects. As Martins ponders:

> [...] before the unstoppable process of cosmopolitan globalization, which through economy and technology rise up before us, relocating us, dissolving borders, blurring memories, virtualizing landscapes, that which motivates Lusophony as its own is the multiculturalist globalization, which feeds off an imagination of territories, memories and landscapes, alive and concrete (2011, p. 77)[34].

Without a doubt, in this scenario marked by the mentioned "interculturalist globalization", the Portuguese Language is the great instrument for the feeling of Lusophony, but also for recognizing and constructing the so-called Lusophone Area (not only in the geographical sense) and of the meanings taken on by the discourses of the various identities embraced by this world of *expression* (also) in *Portuguese*. A plural Lusophony (*Lusophonies* as Mia Couto says) that can be achieved goes through the ideal of *language* without labels (or rather, a Portuguese language that labels itself multiply!), as in the verses by Caetano Veloso in "Língua":

A língua é minha pátria
E eu não tenho pátria: tenho mátria
E quero frátria[35].

Finally, it is necessary to be clear with regard to the specific roles that the Portuguese Language takes on in each location. To ponder Lusophony is, equally, to reflect on the functions that Portuguese performs (or will perform) in the places where it is held as an Official Language. We insist that respect, knowledge, recognition and appreciation of the multiple linguistic realities that constitute the contexts in which "Portuguese is also spoken" is what

34. "[...] *diante do imparável processo da globalização cosmopolita, que pela economia e pela tecnologia se erguem diante de nós, deslocalizando-nos, desfazendo fronteiras, diluindo memórias, virtualizando paisagens, aquilo que motiva a lusofonia como coisa sua é a globalização multiculturalista, dentro de áreas culturais específicas, uma globalização interculturalista, que se alimenta de um imaginário de territórios, memórias e paisagens, vivos e concretos.*" (Martins, 2011, 77).

35. (Loose translation of "Língua") "Language" Language is my fatherland/And I do not have a fatherland, I have a motherland/But I want a brotherland.

makes it viable to rethink the cultural attitude, concepts, values and ways of interacting and interpreting each of those realities. The idea of Lusophony can only make sense, therefore, is we see it above nationalities, way beyond any mythical perception of a single nation, or of any responsibility to preserve it on the other hand. By understanding that the language is what calls each of us Lusophones – in a fraternity (as of words, from Craveirinha) that naturally takes on different discourses – because of different *lives* (as of the "brotherland" desired by Caetano) – is that a Lusophony can "come to be", *de fa(c)to*.

References

Brito, R.P. (2010). Moçambique e Timor-Leste: realidade multilíngue e oficialidade lusófona. In Marçalo, M.J., Lima-Hernandes, M.C. Esteves, E. (Ed.), *Língua Portuguesa: ultrapassar fronteiras, juntar culturas*. Évora: Universidade de Évora, 2010, p.71 -92.

_____. (2013a). Língua e identidade no universo da lusofonia. Aspectos de Timor-Leste e Moçambique. São Paulo: Terracota.

_____. (2013b). Papel do português em Timor-Leste. In Cáccamo. C. Á. (Coord.), *Língua, desigualdade e formas de hegemonia*. (pp. 79-99) Monográfico em Agália. Revista de Estudos na Cultura. 104 (ref. 2011). Galiza: Agália.

Brito, R. P. & Bastos, N. B. (2007). Dimensão semântica e perspectivas do real: comentários em torno do conceito de lusofonia. In Sousa, H. e Martins, M.L. (Org.), *Comunicação e Lusofonia* (pp. 65-78). Porto: Campo das Letras.

Brito, R. P. & Martins, M. de L. (2004). Moçambique e Timor-Leste: onde também se fala o português. Retrieved from: http://repositorium.sdum.uminho.pt/handle/1822/1005.

Cunha, C. (1964). *Uma política do idioma*. Rio de Janeiro: S. Jose.

Dimas, A. (2006). Décimo congresso Brasileiro de Língua Portuguesa. Congresso Internacional de Lusofonia. In Bastos, N. M. O. B. (Org.), *Língua Portuguesa: reflexões lusófonas* (pp. 0-24). São Paulo: EDUC.

Fiorin, J. L. (2006). A lusofonia como espaço linguístico. In Bastos, N. M. O. B. (Org.), *Língua Portuguesa: reflexões lusófonas* (pp. 25-47). São Paulo: EDUC.

Firmino, G. (2002). *A questão linguística na África pós-colonial: o caso do português e das línguas autóctones em Moçambique*. Maputo: Promédia.

Hull, G. (2001). *Timor Leste – Identidade, língua e política nacional*. Lisboa: Instituto Camões.

Kukanda, V. (2000). Diversidade linguistica em África. *Africana Studia* (N.3. pp. 101-11). Porto: Faculdade de Letras da Universidade do Porto.

Lopes, A. J. (1997). *Language policy: principles and problems.* Maputo: Livraria Universitária (Universidade Eduardo Mondlane).

_____. (2013). *A Batalha das línguas. Perspectivas sobre linguística aplicada em Moçambique* (1ª. Ed. 2002). Luanda: Editora das Letras.

Lopes, A. et al. (2002). *Moçambicanismos. Para um léxico de usos do Português Moçambicano.* Maputo: Livraria Universitária.

Lourenço, E. (2001). *A nau de Ícaro.* São Paulo: Cia das Letras.

Magalhães, J. C. (2003). As relações luso-brasileiras na segunda metade do seculo XX. In: Abdala Junior, Benjamin (org.) *Incertas relações: Brasil – Portugal no século XX* (pp.99-124). São Paulo: SENAC.

Martins, M. L. (2006). Lusofonia e luso-tropicalismo, equívocos e possibilidades de dois conceitos hiper-identitários. In Bastos, N. M. O. B. (Org.), *Língua Portuguesa: reflexões lusófonas* (pp.49-62). São Paulo: EDUC.

______. (2011). Globalization and lusophone world. Implications for citizenship, Pinto, Manuel & Sousa, Helena (Eds.) *Communication and Citizenship. Rethinking crisis and change* (pp. 75- 84). Coimbra: Grácio Editor.

Namburete, E. (2006). *Língua e lusofonia: a identidade dos que não falam português.* In Bastos, N. M. O. B. (org.), *Língua Portuguesa: reflexões lusófonas* (pp. 63-74).São Paulo: EDUC.

Pacheco, C. (2000). Lusofonia e regimes autoritários em África. In *Público.* Lisboa, Feb, 3rd.

Renault, E., Cunha, C., & Luft, C. (1986). Diretrizes para o Aperfeiçoamento do Ensino/ Aprendizagem da Língua Portuguesa. Brasília: MEC.

2

GOAN LITERATURE IN PORTUGUESE[1]

Hélder Garmes & Cielo G. Festino

The Creation of a Literary Tradition

The aim of this paper is to bring a brief overview of Goan literature in the Portuguese language up to the present day. As is well-known, Goa, like the rest of India, is a multilingual society. According to the *National Curriculum Framework* (NCF): "Multilingualism is constitutive of Indian identity […]. Indeed, the multiplicity of Indian voices interact with each other in the Indian linguistic and sociolinguistic matrix, which is built on a variety of shared linguistic and sociolinguistic features" (20). Hence, there is a common grammar of culture, expressed through all its languages, that binds India together. This is, precisely, the case of Goa, in which Portuguese has historically been one of the languages of the state together with Konkani, its official language, Marathi and English, among other languages also spoken in the state. As regards the incidence of multilingualism in literature, Satya Mohanty observes that rather than talk about literary historiography in general, the best way to come to know the different literary traditions and their cultures is by "being grounded in clearly defined intellectual contexts" (2012, p. 33). What is called for, he adds, are analytical interpretations of concrete literary narratives that bring about a "sustained epistemic engagement with other cultures and literatures" that make us aware of our own "cultural and

1. Several parts of this article have already been published in specialized journals in Portuguese and in English. We thank our colleagues Dr. Robert Newman for reviewing the article and Dr. Paul Melo e Castro for the literary translations. Both are members of the Research Project "Thinking Goa. A Singular Library in the Portuguese Language", funded by the São Paulo Research Foundation (FAPESP/ proc 2014/ 15657-8). This article is part of this research.

historical situatedness" (2012, p. 35). It is only at this point that literatures become enmeshed with each other and the social and historical projects of the region, and go beyond the monolingual model. It is within this multilingual context that the contribution of the Portuguese language and literature from Goa to the Indian literary panorama will be considered.

If Goan literature in Portuguese is dead, as has been sometimes argued, its ample production, which started in the sixteenth century, with the narrative of the first Portuguese who arrived there, and still continued after 1961, when Goa was integrated into India, shows that this literature is not only substantial but also meaningful for a better understanding of the presence of the Portuguese language and culture around the world, as well as for the understanding of the cultural formation of Goa and India. By extension, talking about language and culture implies talking about literature.

As regards theory, trying to understand the part which literature in the Portuguese language has played in Goa has given rise to the debate of several issues that today are discussed all over the world. These would include the homogeneity of culture promoted by globalization, resistance by local cultures, competition among cultural models, the need to adopt, simultaneously, different identities to deal with distinct cultural expectations, in other words, all the current debates about subjects such as globalization, hybridity, multiculturalism, transculturalism, miscegenation; all of them connected to racism, casteism, gender biases, religious freedom, and plurilingualism. All these topics are central to the context of Goan literature in the Portuguese language.

To study this literature contributes to a better understanding of the literature in Portuguese written on the different continents as well as of Indian colonial literature in general. Also, it helps to find answers to questions that are being formulated around the world about cultural, social and political conflicts that the international order has imposed to our everyday life. Finally, it also helps reflect on the definition of the literary phenomenon from a historical and contemporary perspective.

One of the most important works of reference, for whoever is interested in studying this tradition, is the two-volume book, *A Literatura Indo-Portuguesa* [*Indo-Portuguese Literature*] (1970) by Vimala Devi and Manuel de Seabra. Another work of importance is the four-volume *Dicionário de*

Literatura Goesa [*Dictionary of Goan Literature*] (1997) by Aleixo Manuel da Costa. Although the author of this latter work does not discuss the term "Goan literature", only adopting it in a broad sense to refer to fictional, historical, medical literature, etc., in the various languages of Goa, without any problematization, we believe that this designation – "Goan literature" – is more adequate to refer to Goan literature in Portuguese, since the traditional expression, "Indo-Portuguese literature", is an expression that only considers a geographical area, Goa, without summoning up debatable cultural references. Such a denomination does not privilege a Portuguese identity, as is the case of the term "Indo-Português" [Indian-Portuguese] employed by Devi & Seabra, which presupposes a mixture of cultures, Indian and Portuguese, with the prevalence of the second, since "*Indo*" is only a prefix to the main word "*Português*". The discussion of such a characterization of the culture and literature that emerged in Goa during the colonial period is a hard and profitable debate (Newman, 2001; Pinto, 2007; Kamat, 1999) which cannot be reduced to such an expression. Therefore we have chosen to designate this written literary production "Goan Literature in the Portuguese Language" or "Goan Literature in Portuguese", as Joana Passos (2012) has also done, as a more appropriate designation in the present context.

Nevertheless, the matter is not so simple. In order to have a real measure of the complexity of this issue, it should be remembered that the first Goan novel, *Os brahamanes* [*The Brahmins*] (1866) by Francisco Luis Gomes, was not first published in Goa but in Lisbon, while its story does not even take place in the Portuguese colony but in the north of India, having Indians from the state of Uttar Pradesh as well as Irish people as its characters. The same can be said of many novels written by Goans, almost all of them published in Portugal, due to the lack of a representative editorial market in Goa. The next question to be posed is why call "Goan" a body of literature that was not even systematically published in Goa, as is the case of *Os brahamanes*, and that does not even have as its scenario this former Portuguese colony? Still, when these works are interpreted, the topics raised are recurrent in Goan literature. One case in point would be again the novel *Os brahamanes* that deals with themes such as injustice, casteism, conflicts between Hindus and Catholics, the prejudice against marriages between Europeans and Indians, the superiority of the colonizer over the colonized, racism against Black Africans, in particular, but also of Europeans against Indians. As these motifs show, these books have much more to say to Goans and to Indians than to the Portuguese.

Also, Goa seems to have never constituted exactly what the Brazilian critic and literary historian Antonio Candido defines as "an autonomous literary system" (1964, v. 1, pp. 25-42), i.e., a system composed by writers, editors and readers that interact in a constant and continuous manner to the point of creating a local literary tradition in which writers have one another as reference for the formation of the tradition. Still, it is pertinent to apply the adjective "Goan" to designate this literature, once the link such authors and works have with Goa is evident. Though in different manners, as we saw in the abovementioned novel, all these works have Goa as the privileged object of reflection, in terms of topics such as: a) the rejection or approval of the colonial identity, which evokes a constant feeling among Goans of finding themselves divided between two worlds; b) the complex coexistence of Christians and Hindus; c) the debate about the progress of Modernity in the colony, among groups of highly diverse interests which very often had opposing political expectations, such as remaining as a colony, becoming part of India, or becoming independent; d) the unremitting appreciation of tradition as well as the peculiarities of the local life style. The above four characteristics can be synthesized in the idea that Goan literature in the Portuguese language reveals a universe in which its centre is occupied by identity conflict, akin to the rest of the colonial world, as well as the tension between tradition and modernity. In general, the definition of this world is not different from that of any other colony, but it is also evident that it is characterized by very striking peculiarities which cannot be found in other Portuguese colonies.

As for the idea that Goan literature in the Portuguese language did not constitute an autonomous literary system, this is still a controversial matter, since there is to date no clear historical mapping of this subject. Amid the texts that today constitute this literature, it is possible to identify at least two big groups which were published before and after the nineteenth century. Before this century, Goa's press worked sporadically from the sixteenth to the seventeenth centuries, losing force in the eighteenth century. The press of the first period referred to began in 1556, when the first printing press, coming from the Portuguese metropolis, was installed in Goa in the São Paulo College and which printed, in that same year, the *Conclusiones philosophicae*, a thesis defended by the Jesuit Francisco Cabral. In these first centuries, all the productions of the press were focused on the catechesis and were addressed to the Catholic community even when the Catholic priests were also in contact with Hindu culture, as shown by the translation made of the Marathi text by D. Francisco Garcia (1580-1659), titled *O homem das trinta e duas perfeições e outras histórias*, [The Man of the Thirty Two Perfections and Other Stories] "History of the generosity of the King Vikranâditya, who offered his own life, if it could be of utility to others" (Garcia, 1958, p. XXII). This text was never published in Goa, remaining as a manuscript until 1958, when a Jesuit, José Wicki, decided to have it published in Lisbon. It reveals the interest those missionaries had for the local culture already at that time, as well as the presence of manuscript texts, which also had a place of relevance in the literary circulation of the 1600s.

As regards the internal dynamics of the illustrated and literary periodical press, as it was called in the nineteenth century, Goans initially only reproduced articles about the metropolis and other places around the world in publications such as *O Enciclopédico* (1841) or *O Compilador* (1843). Only in the 1860s, did the publication of Goan original literary narratives start in journals such as *Ilustração Goana* (1864-1866), *Goa Sociável* (1865), or *Album Literário* (1865-mid 1880). The models for those journals were *Revista Contemporânea de Portugal e Brasil* (1859-1865), in which great Portuguese and Brazilian authors had their works published, showing the editors' desire to have a central place in the colonial literary scene and become integrated in the intercontinental dialogue. This journalistic style continued well into the twentieth century with journals such as *Luz do Oriente* (1907-1926), *Revista da Índia* (1913-1914), *Contemporânea – Revista da cultura intelectual* (1930), *O Acadêmico* (1941-1943), among many others which always participated in cultural, literary and artistic debates in Goa.

Portuguese intellectuals and writers were always a very relevant reference for the Goans who wrote in Portuguese. This was the case of the historian Joaquim Heliodoro da Cunha Rivara (1809-1879) and the poets Tomás Ribeiro (1831-1901) and Alberto Osório de Castro (1868-1946). Even though they wrote from a colonial perspective, they were great instigators of the valorization of Goan regional culture. Cunha Rivara, for example, was the first Portuguese to recognize the importance of studying Konkani, Goa´s original language, and making possible the publication of different works on the matter and even writing a historical essay on the language. This valorization of the local language and culture also included historiographical works, such as the publication of important documents for the understanding of the colonial process. Cunha Rivara worked together with Filipe Nery Xavier, a well-known Goan historian. Then, they joined a group of Goan scholars such as Miguel Vicente de Abreu, Jacinto Caetano Barreto Miranda, and later on to José Antônio Ismael Gracias and Antônio Anastácio Bruto da Costa. They were responsible for starting work on the elaboration of a modern historiography of Goa written, most of the time, from the perspective of the colonizer.

Tomás Ribeiro was the founder of the *Instituto Vasco da Gama* and its monthly journal, edited from January 1872 to the end of 1875, under the direction of Cunha Rivara, Manuel de Carvalho de Vasconcelos and Júlio Gonçalves. Later on, this institution became the *Instituto Menezes Bragança* which was very prestigious in Goa. Cristóvão Aires was one of Tomás Ribeiro´s Goan disciples. He was one of the most prolific writers from Goa who, along with many others, published a great part of his books of poetry in Lisbon, always following the Romantic verve of the Portuguese poet. Little is known about the poet Alberto Osório de Castro in Goa, but he was a great referent for the poets of a whole generation such as Paulino Dias, Nascimento Mendonça and Fernando Leal, among others.

Much of this literature was published in the Goan press, both in the more specialized newspapers, some of which have been mentioned above, and in periodicals of greater circulation, among them *O Ultramar* (1859-1936), *A Índia Portuguesa* (1861-1921), and in the twentieth century, *A Vida* (1938-1966), *Diário da Noite* (1939-1967), or *O Heraldo*, the Goan newspaper that started publication in the second half of 1900 and is still published today in English with the title of *Herald.* The press was literature´s privileged space, in particular in the nineteenth century. In the twentieth century, many writers were able to publish their books in Goa, mainly poetry books but also short stories, novels, chronicles, etc.

The Novel

In the field of the novel, one of the most outstanding books, as already mentioned, was *Os brahamanes* (1866), by Francisco Luis Gomes. It is the only fictional work he wrote and the first Indian novel in the Portuguese language. This definition does not exactly show its place in the "atlas of the novel in Portuguese", to use an expression by Franco Moretti, taking into account that the author wrote it once he was living in Portugal and was only published in Goa half a century later. It reveals the author´s belief in the political and economic liberalism of the times as well as his patriotic and Christian feelings. It is also worth mentioning the novel *Jacob e Dulce – Cenas da vida Indiana* [Jacob and Dulce - Scenes of Indian Life] (1896), by João Francisco da Costa, or Gip, as he was known. The novel deals with the marriage between two members of the Goan elite, while ridiculing the behavior of this social class. The plot is simple; it is based on the negotiations for the arranged marriage of Jacob and Dulce, but what is of great interest in the novel is the critique made of colonial mimicry and how little conscious this elite is of its own identity. It was first published in a serialized form in *O Ultramar* and only later on published as a book. In its Konkani version, this novel was also very successful. It is a novel that even today is well known among the Goan intellectual elite in Portuguese and has been, through time, the most praised by some and, at the same time, the most criticized by others. In fact, it is one of the most original novels of the colonial period and of great literary value since rather than attacking the colonizer, which was very common in this Portuguese literature, it brings a self-critique of the colonized affirming, from a comic and ironical perspective, how ridiculous, or even pathetic, it is to imitate the colonizer, urging the Goan reader to look for his real identity.

Another novel that should be mentioned here is *Bodki* (1962) by Agostinho Fernandes (1932-2015), a Goan physician who lived most of his life in Portugal. It is based on the story of a doctor, who has just graduated, and goes to live in a small village where also lives a bodki, i.e., a widow who refused to be burned on her husband´s funeral pyre. The plot focuses on the conflict between the old and the modern, rationalism and Hindu tradition without, however, condemning or extolling one or the other. At the end of the novel, which is told from the perspective of a young doctor, it is suggested to the reader that Hindu tradition is the real one. There is, therefore, a desire to reconcile two different approaches to knowledge, even when privileging European rationalism.

Another novel of great interest is O *signo da ira* [The Sign of Wrath] (1961) by Orlando da Costa. He was born in Lourenço Marques, Mozambique, of Goan parents in 1929 and died in Lisbon in 2006. He spent his youth in Margão, Goa. He studied at University of Lisbon, joined the Communist Party and opposed Salazar's regime. The action of *O signo da ira* takes place during World War II as seen from Goa. The critical quality of the novel is reflected in both the discussion of the caste system and the presence of the *pacle* (white foreigners) in Goa. The novel depicts a society which is stagnant due to not only the avarice and blindness of the high castes but also the almost feudal social structure in which the wealth of the bhatkars depended on the misery of mundkars and curumbins. Amid this context of misery and oppression women stand out as the last resistance to the injustice of the system.

Another novel of great interest is the posthumously-published *Preia-Mar* [High Tide] (2016) by the Goan writer Epitácio Pais (1929-2010). The novel is set in the 1970s, soon after Goa's integration into India. It deals with a critical moment in Goan history, precisely when the old colonial regime has come to an end and a new social, political and economic order is emerging. The main characters of Pais's novel are representatives of two distinctive Goan social classes and castes. While Leo, the main character, is a member of the decaying Catholic gentry, whose family is trying to survive clinging to the values of the past, Amy, from a family of fishermen, is an honest woman with simple but clear values and principles that guide her life. The fictional time of the novel thus marks the moment when metaphorically, the social and political tide is high, as the title given to the novel by Paul Melo e Castro and Hélder Garmes, its editors,[2] suggests, and the social scene is in a state of transformation.

Leopoldo da Rocha's novel *Casa Grande e Outras Recordações de um Velho Goês* [The Great House and Other Memories of an Old Goan] (2008) is an episodical novel which takes place in Goa and which the author published once he had exiled himself to Portugal. Like most narratives of community, what gives unity to Rocha's novel is its geographical location, Goa, rather than a linear development or chronological sequence since, through a series of flashbacks and flashes forward, the narrative spans a period of thirty years, that synchronically points to both the patterns, customs and activities through which the Goan catholic community tried to perpetuate itself and, at the same time, the rapid changes that took place in the same community due to Goa's

2. The author died without publishing this novel and his family gave authorization to Paul Melo e Castro and Helder Garmes to edit and publish the text.

integration into India, all told from the perspective of a first person narrator. The novel deals with the life of Bal, a Goan Catholic priest, from an elite family, from his childhood to his adulthood, before and after Portuguese presence in Goa. Rocha has no qualms to depict the Goan catholic families, which inhabited the *Casa Grande,* as being many times unjust to their own members due to the beliefs and values of their class, which he presents as a model of false consciousness, as Marxists would have it, in the sense that, for all their defense of high moral principles, these families many times concealed terrible secrets like communalism, casteism and veiled forms of slavery.

In Focus: *Os brahamanes*

The novel *Os brahamanes* was translated into English by Armando de Menezes in 1930 with the title *The Brahmins*. Sisir Kumar Das refers to it in his *A History of Indian Literature 1911-1956 – Struggle for Freedom: Triumph and Tragedy* (!995), highlighting that the author "had struggle for freedom of the Ranes[3] in mind" when he created Magnod as a "impartial man, who is moved by justice and not by racialism, and wants India to be ruled to by Indians" (Das, 1995, p.101).

As mentioned above, *Os brahamanes* is based on the life of an orthodox Brahman, called Magnod, who feels he has lost the purity of his caste due to his contact with people from low caste because of his young Irish employer and, as a result, abandons his family and becomes a bandit. Once he has been able to amass a fortune, he takes revenge upon those who he thinks dishonored him. In the end, however, Magnod forgives his employer and his son not only marries his rival's daughter but also becomes a Catholic. Among the themes discussed in this novel, the one that perhaps deserves special attention is the question of the marriage between the colonizer and the colonized since this is a motif that will appear, time and again, in different contexts and literary texts in the Portuguese dominions, as a symbolical solution for the colonial and racial conflict. This is what also happens, for example, in the novel from Cabo Verde, *O escravo* (1856) [The Slave] by José Evaristo de Almeida,

3. "The Ranes, a Goan warrior tribe specially of the underdeveloped district of Satari, for example, rose in the revolt against the Portuguese no less than twenty times between 1755 and 1912" (Das, 1995, p. 101).

or *O Guarani* (1857) [The Guarany] by José de Alencar that takes place in Brazil.

The plot of the novel is quite complex and not verisimilar as shown, for example, in the episode in which Frey Francisco tries to convince Magnod, a Hindu, and the main character of the novel, to give up his desire for revenge, nourished during a lifetime of great suffering and, on top of that, become a Christian. Not only that but the novel, from beginning to end, defends a way of life that is both Western and Christian. The narrator is always on the side of European culture and the principles of the Enlightenment which were foremost at the time in Europe. Together with that, the narrator criticizes the English colonial style because he understands that to come closer to the high castes in India and convert them to the Christian faith, intensive missionary work was necessary, as it had been in Goa. This is why, it is Fray Francisco, a Portuguese, who finally converts Magnod to Christianity.

In this context, it can be argued there are three main narrative threads that run through the novel. First, there is the Indian caste system; second, the British colonial system; third, the Portuguese Catholic colonial system. The Portuguese colonial system, based on the catechesis of the Indian, is central to the novel. To begin with, it justifies the choice of Faizabad and not Goa for the development of the plot since this dislocation avoids the confrontation between the Indian and the Portuguese and allows for Fray Francisco to become the ideal mediator between these two worlds. *Os brahamanes* is thus a novel that looks to Indian culture from a Portuguese rather than a purely European perspective. Hence, at the time that it sees European culture as the social paradigm to be followed and disqualifies Indian culture and the caste system, it defends Catholicism, to the detriment of Protestantism, as the best way to correct the ills of Indian culture. It thus attacks both the Indian caste system and British colonialism. Paradoxically, at another level, it ends up defending the caste system because its references to Goa can be understood as an attack by the Chardos, (as Kshatryias are called in Goa), on Brahmin hegemony. In other words, *Os brahamanes* is a novel that criticizes both Hinduism and British colonialism from an explicitly colonial perspective. It defends Catholic humanism at the same time as it ends up participating in the logic of Indian culture.

The Short Story

The short story is a genre of great circulation in India and in Goa. It is an immemorial and all-encompassing genre that articulates the need to narrate, inherent to the human condition, and that appears well before the contemporary definition of literature, as narratives which are printed, organized in genres and form part of national literary traditions both in the East and the West. According to Melo e Castro (2009, p. 47) in the 1960s several Lusophone literatures adopted the style of the short story. Also, Mary Louis Pratt (1994, p. 104) points out that the short story genre is highly functional in the case of the so-called minor literatures[4] since, through it, not only some debates become visible within the national and international literary discourse but also, and even more relevant, it introduces narratives of often-marginalized communities, into the scope of a national literature or it even helps affirm literature that emerge at the end of the colonial period. Because they are short they can be easily published not only in books but also in newspapers and literary magazines.

Kumar Sisir Das (1991, p. 302) points out that the development of the tale in India, as a modern genre, was organized in different stages. The first one has to do with oral tales and fables while the second appeared in the nineteenth century with the emergence of written tales in newspapers and periodicals in the form of sketches and incident reporting. This last stage anticipated what in the English tradition is known as *short story* and, in a realistic style, without gods or fabled animals, tells stories about the social environment both public and private. It could be said that in this third stage the passage from the tale to the short story takes place. While the former would have the structure of pre-colonial Indian narratives, the latter responds to the standard of the English short story. On the other hand, according to Pratt (1994, p. 105), these earlier narrative forms, often related to the oral tradition, help one to delve into the particular qualities of these cultures.

This is no less true of Goan short stories in Portuguese. Paul Melo e Castro published a very important book of Goan short stories translated into English from Portuguese: *Lengthening Shadows. An Anthology of Goan Short*

4. According to Deleuze e Guattari (1975), minor literatures are literatures from marginal communities written in local languages as is the case of Portuguese.

Stories Translated into Portuguese (2015), which he painstakingly compiled from Goan newspapers, the Bulletin from the Institute Menezes Bragança (IMB), and private libraries. In its "Introduction" he argues that the short story in Portuguese from Goa can be organized in different historical periods. First, from the 1850s to 1910, when the *Primeira República* (First Portuguese Republic), which separated church from state, was established. Second, during the *Estado Novo*, which saw Salazar's *Acto Colonial,* in 1930, turn all Goans into second class citizens. Third, when this decree was repealed in 1950, until the integration of Goa into India in 1961, and its aftermath. All together, these short stories make up a historiography not only of the genre but of Goan literature in the Portuguese language.

In the same fashion, the cultural background changes with the times. If the first stories take place amidst the Catholic gentry, in the *Casa Grande* or the streets of places like Margão or Panjim, and upper class people, in particular the *bhatkars*, are the main characters of the narratives, and the *mundkars* stay at the margin of the narratives, little by little, as years go by and the political scene changes, new places and characters crop up as the narratives move to the *Novas Conquistas*, the Goan hinterland where Hindus have always been the majority, and *bhatkars* become civil servants, lawyers and doctors, the most important professions in Goa. Likewise, opinions about integration with India start being divided. In turn, after 1961, Goa is sometimes seen in a very crude fashion, as the apparently bucolic landscape of an agriculture-based society is destroyed by mining which, as Melo e Castro observes, "... reached a new intensity under the Indian administration" (p. 35). In all cases, the different authors′ attitudes towards Goa's political scene are shown, for example, in the absence of the Goan subaltern in the first stories of the anthology, or in the relationship between the Goan gentry, to which the writers mostly belonged to, and the European Portuguese.

As times and scenery change so do literary styles. If the first short stories were written in the Romantic style of the nineteenth century, after the Portuguese fashion, one of the most contemporary writers of short stories in Portuguese, Walfrido Antão (1936-2002), borrowed from the Existentialist Movement to depict Goan life, once it had become part of India. Little by little, however, writers developed a style of their own.

Talking about the work of the gifted Ananta Rau Sar Dessai, Melo e Castro points out that "Today all we have to go on are the texts preserved in *A Literatura Indo-Portuguesa* and those scattered through the Portuguese-language press, often published at Christmas or Diwali, when papers such as *O Heraldo* would produce bumper editions and were likely desperate for content" (p.23). His words reveal the extensive oeuvre in this genre that was produced in Goa in the nineteenth and the twentieth century and still continues today as the occasional short story in the Portuguese language, which appears in the yearly short-story contest organized by the *Fundação Oriente* in Goa, attests.

The almost journalistic style of the first Goan writers, like Júlio Gonçalves (1846-1896) or Wenceslau Proença, who rewrote the "European short story to suit the Goan scene" (Melo e Castro, p. 35), is succeeded by the satirical stories by Francisco João da Costa (known as GIP) (1859-1900), Jose da Silva Coelho's (1889-1944), and Ananta Rau Sar Dessai (1910-?); though in a bantering tone, they all cast a critical look at Goan society. In turn, these authors make room "for the more serious if already nostalgic narratives by Vimala Devi (b.1932)" set at the end of the colonial period, but written after it had finished. She wrote one of the finest collections of short stories in the Portuguese language from Goa titled *Monção* (1963). Other writers then appear on the literary scene like Laxmanrao Sardessai (1904-1986), who wrote mainly in Marathi, the language of the Hindu community in Goa, but also in Portuguese. The next author to be mentioned is Maria Elsa da Rocha (1924-2005) who, during her many years as a teacher, left the ancestral *casa grande* [great house] to mix with Goans and other Indians from all walks of life in her outstanding collection of short stories *Vivências Partilhadas* [*Shared Lives*] (2005). She was a contemporary of another great Goan writer in the Portuguese language, Epitácio Pais (1928-2010), one of the most gifted writers of the tradition, who in his anthology *Os javalis de Codval* wrote in a "physical prose –direct to the point of brutality-" which was highly effective to portray how "traditional values erode under the pressure of economic development and social change" (Melo e Castro, p. 35). We will now concentrate on one of the most emblematic anthologies of short stories in Portuguese, Vimala Devi´s *Monção*.

In Focus: Vimala Devi´s *Monção*

Melo e Castro (2009, p. 48) explains that the short stories in *Monção* cover a spectrum of time ranging from the First Republic in 1926 to the annexation of Goa to India in 1961. In this period of more than thirty years, a series of changes take place in Goa which are symbolised in the stories by the monsoon that acts as background since, like the political and social changes, it has arrived or is about to arrive: " One hot, heavy day, a forerunner of the coming monsoon…" ("The House Husband", 31) or "It all began when, shortly after the monsoon, death snatched the most indispensable member of the house. Grandmother passed away" ("Decline", 54). These are just two among many other references.

Although, the actions in the different stories have different historical events as a background, these references can only be read in between the lines of the short stories, since the author never identifies them directly, giving us the idea that there is a synchronic rather than diachronic relationship between the narratives. This is why it is the place where the stories take place, Goa, that actually gives unity to the narratives rather than the historical conflicts. Sandra Zagarell (1988, p. 499) defines the narratives that create place and city or regional life as their main theme as "narratives of community"; this type of narrative focuses, as in the case of *Monção*, on the most ordinary, minimal details of everyday life through which a community is defined as an entity. Thus, narratives of place, instead of being linear and leading to the resolution of conflicts, are episodic and procedural: they present the community in action, in a continuous becoming that never finds a resolution. We understand that this definition of "narratives of community" is highly useful for interpreting *Monção* since the author places her stories at a historical crossroads, in the last year of the 1950s, when Goa was about to become integrated into India and thus change its life style.

The themes of Goan life that Devi dramatizes in *Monção* are the decadence of Portuguese aristocratic families; lack of work; the struggle between ancestral beliefs and modernity; the Goan diaspora; the separation of Hindus and Christians; the relation between bhatkars, mundkars and curumbins; inheritance and marriage; the dowry problem; impossible love between Hindus and Christians; women in Goan society. Within this wide range of themes we will focus next on the theme of arranged marriage in the story "The House Husband".

Devi and Seabra (1971, p. 32) explain that the Indo-Portuguese bourgeoisie was partly responsible for Goa's slow economic growth, since it allowed feudal structures to continue well into the twentieth century. It was industrialization, fostered by World War II as well as Indian nationalism, which affected the infrastructure of Goa society, and it is only after this period that Devi writes *Monção*. One of the feudal customs maintained in this society was that of arranged marriages, which is common to both Eastern and Western societies, helping to solidify the structure of the patriarchal hierarchy in which sexuality is the basis of woman's subordination. In Portugal and Goa this type of marriage, by family alliances, was connected to the custom according to which the properties of the family were indivisible and would be inherited by the first-born. In this way, the fortune and the family name were maintained through generations. The marriage for love that advocated that what one should seek in marriage was a companion "virtuous, understanding, of good character, a good economic situation and a pleasant person" (Stone 1979, p. 219), already preached in English society since the second half of the eighteenth century, had not yet fully settled in Goa.

One of the stories in *Monção* in which the subject is treated is "The House Husband". It is the story of the Fonseca sisters, the last members of a family of the old Indo-Portuguese aristocracy. Although when seen from the point of view of Goan society the Fonseca sisters were old and ugly spinsters, they were, nonetheless, very successful economically. These women managed to keep not only the old house, but also all the family properties, due to the older sister´s talent for dealing with the family finances. In fact, thanks to Soledade, they could dispense with the male presence in the home, a fact which already defies the stereotype of the high caste Christian woman of Goan society whose main aim in life was to marry and raise a family. But the great frustration of the sisters is not so much that they were not married, which was very badly seen in this society, but the lack of an heir to perpetuate the name of the family.

The connection of the Fonseca sisters with the outside world was their aunt Sacramenta for whom the marriage of one of the sisters was the way to safeguard the family honor. Of the four sisters, only Teodolinda, the third, more beautiful than the others, was still able to marry. Her husband would enter the family in the category of "house husband" a very common practice in Goa at the time when in a family there were only women to inherit the property. In this case, the man would marry one of daughters of the house and even assume the family's name. Finally, Teodolina marries Franjoão, a "weak figure who [had] put on a lot of weight and [was] almost bald" (33), after his exile in Africa, but belonged to a family that, although impoverished, were "Brahmins of Saligão ... " (33), as the aunt points out. The only thing he brought to the Fonseca family was his family's lineage because he had neither fortune nor intelligence. Although Teodolina and Franjão not only marry but also, to Franjão's surprise, have a son, he is never, in the words of one of the sisters, more than a house husband: a guest almost, whose function was to give dignity to a house without men or heirs.

Hence, when Franjão, in his role of man of the house, wants to visit the properties of the family, Soledade, the real head of the household, replies, "Leave it. It is not worth the effort. What you need is to rest. Take a rest. I was there last week ... "(41)[5]. Though confined to the family mansion, the women of the Fonseca family knew very well how to take care of their financial interests without anybody's help.

Along the same line, when the family doctor confirms the arrival of the heir, Franjão wants his son to bear the name of his family, "If it's a boy, and God willing it shall be, do you know whom he'll represent? Francisco João dos Milagres Barreto, my father's name!" (47). Soledade once again affirms the power of the Fonseca sisters: "'Barreto?' Soledade shrieked, standing on tiptoe, almost beside herself. 'Don't forget that you're a live-in son-in-law. Your child will be a FON-SE-CA and will have his maternal grandfather's name. One Franjoão in the family is enough. Franjoão lowered his head. He took a *dhumti* out and placed it pensively between his lips"(47).

Paradoxically, in her desire to continue the family tradition and to be well-seen within Goan society, Soledade subverts the patriarchal hierarchy. It is not Franjão who will take advantage of the spinsters' material riches, imposing his name upon their fortune, but rather they are the ones who will benefit from his having married into their family. Thus, the political change sweeping Goa enters the private sphere when the author criticizes an almost feudal custom and shows the way in which women have managed to use the few resources at their disposal to survive in a society that imprisons them.

---

5. Translated from the Portuguese by Paul Melo e Castro.

Poetry

Goan poetry is very complex in its references, but, in general, it follows European literary movements. We can consider some classical Portuguese authors as belonging to Goan literature in Portuguese, because they had an important role in this poetical tradition. Luís de Camões (c.1524 – 1580) and Manuel Maria Barbosa du Bocage (1765-1805), to name only two famous names, influenced the imagery of this Portuguese former colony as they wrote some poems about this place. They saw Goan culture from a European perspective and their poems speak in a negative manner about this reality. Camões, for example, compares Goa with Babylon:

Cá nesta Babilónia, donde mana Matéria a quanto mal o mundo cria; Cá, onde o puro Amor não tem valia, Que a Mãe, que manda mais, tudo profana;	Here in this Babylon, that's festering forth as much evil as the rest of the earth; Here where true Love deprecates his worth, as his powerful mother pollutes everything;

After two hundred years, in the eighteenth century, Bocage did the same:

Das terras a pior tu és, ó Goa, Tu pareces mais ermo que cidade, Mas alojas em ti maior vaidade Que Londres, que Paris ou que Lisboa.	Of all lands, you are the worst, O Goa, You seem wilder than a city, But in thee dwells greater vanity Than in London, Paris or Lisbon.

In this poetical tradition, a Goan perspective starts to appear in the nineteenth century, when Goan writers put their own reality in verse. Among the members of the first generation Manuel Joaquim da Costa Campos (?-1883), Júlio Gonçalves (1846-1896), Tomás de Aquino Mourão Garcês Palha (1842-1904) José Joaquim de Carvalho (1859-1911), and Floriano Barreto (1877-1905), stand out.

One of the most prolific poets of this time is Manuel Joaquim da Costa Campos who refers to Goa in a very different manner from that of the Portuguese classical poets mentioned above. This is shown in the first two stanzas of the poem "Á despedida da Exm^{a}. Senhora***", "Mrs. Emma´s Fairwell"

Ai meu Deus! Enfim tu partes, Vais deixar a terra amada, Tão bela, tão encantada, A terra de teu país! Onde à sombra da palmeira, Repousaste feiticeira, E do Mandovi á beira Folgaste outrora feliz	Oh my God! Finally, You will leave the beloved land, So beautiful, so enchanted, The land of your country! Where in the shade of the palm tree, You, charmer, rested And on the banks of the Mandovi You, playful, laid in the old days.
Por que partes, por que deixas A terra dos teus amores, Da infância, da luz, das flores. Tão formosa a rescender, Para ires tão distante, Pelo mar vasto, inconstante, De perigos abundante, Em outra terra viver?	Why part, why leave Your beloved land, Of childhood, of light, of flowers. So beautiful, so perfumed, To go so far, Crossing the vast, inconstant sea, Of hazards, abundant, To live in another land?

The nativist movement that emerges at that time describes Goa as an idealized place where affection and the beauty of nature prevails, in the Romantic style. This tendency was reinforced in the 1870s by the presence of the Portuguese poet Tomás Ribeiro.

A second group of poets appears in the passage from the nineteenth to the twentieth century, with names such as Fernando Leal (1846-1910), Cristóvão Aires (1853-1930), Mariano Gracias (1871-1931), Joaquim Filipe Nery Soares Rebelo (1873-1922), Paulino Dias (1874-1919), Leandro Xavier Pereira (1875-1950), Adolfo Costa (1882-1960), and a little later Joaquim Vitorino Barreto Miranda (?-1949), José Francisco Barreto Miranda (1870-1958), and Antônio do Nascimento Mendonça (1884-1926). They, with others, began to systematically cultivate Hindu themes in a very prolific manner. It is at this moment that the aforementioned Portuguese poet Alberto Osorio de Castro, residing in Goa at the time, became aware of the admiration and dialogue that many Goan poets established with him. Their literary references, nonetheless, had already diversified, especially leaning towards those of the Hindu tradition. A final group of poets appeared before the end of the colonial period, for example Laxmanrao Sardessai (1904-?), Mário do Carmo Vaz (1918-?), and Vimala Devi (1932-). At this time the Hindu tradition was still cultivated, but new critical perspectives were evident. Let us take a closer look at the work of Antonio do Nascimento Mendonça.

In Focus: Antonio Nascimento Mendonça

Among the Goan poetas who wrote in Portuguese and dealt with the confluence between Indian themes and European models, Nascimento Mendonça was one of the most spontaneous and vigorous poets of his times. His poem "Hanumât" is part of his book *Orientais* (1904), published by Rangel Press in Bastorá, Goa.

Hanumât

(A propósito do extermínio dos negros e os políticos da Austrália)

Raconto

(On the extermination of the black people and the Australian politicians)

A Narrative

(Translated into English by Paul Melo e Castro)

Tenho um coração de abutre.	I have a vulture´s heart.
Sob uma armadura de aço,	Under a carapace of steel,
Montes e rochas desfaço	Mountains and rocks I raze
E é de guerras que se nutre	And it is on war that feeds
Este forte coração;	This doughty heart;
Bebi o sangue do Vento.	I drank the Wind´s blood
Do grande rei pestilento,	From the great pestilent king
E vivo do furacão.	The livewire hurricane
Tenho as pernas colossais,	I have colossal legs
Com que transponho inda os mares.	With which I still ford the seas
E posso vencer os ares,	And I can best the air
E pisar os animais.	And crush animals underfoot.

Desconheço, nem existe Gigante que se compare Comigo; nem mão que pare As minhas armas em riste.	I know not, nor exist Giants that might compare To me; no hand that stays My pointed weapons.
Ó sol! Ó sol! toma conta Nessa luz, nesse calor, Que em eu sentindo furor Esmago-te... Pouco monta	O sun! O sun! Take care In this light, and this heat If I grow furious I shall destroy you... A trifle
Que ao nascer das alvoradas Haja luz, lá no oriente, Que não cantem docemente As aladas revoadas;	At the break of dawn, Let there be light, in the East Let winged flocks Not sing sweetly.
Que um moruoni, que um pardal Não alvorote a verdura Com uma vã partitura, Ou anime o palmeiral;	Let no moruoni, nor sparrow Trouble the foliage With a vain air, Nor enliven the palm grove.
Que os sorridentes pastores Não cantem entre os chocalhos, Que cantem quando ao trabalho As filhas dos lavradores;	Let smiling shepherds Not sing between cowbells But sing when to work The peasants´ daughters go.
Que se abram as pobres casas Ao nascer d'um belo dia Que os ninhos tenham poesia E os ares, frêmitos de asas	Let the poor houses open When a fine day dawns And nests have poetry And the air, the thrilling of wings.
E que a gente fique morta Sem o teu vivo calor Que não rebente uma flor. Um mogarim, pouco importa.	And let people die Without your lively heat And let nary a flower bloom. A mogarim, it matters little.

E não fulgirás jamais, Ó carvão incandescente. Nesse rosado oriente Com esses loiros punhais.	And you will never glow, O burning coal. In the rosy East With those yellow daggers.
Não fulgirás sobre mim Como um olhar de gigante Embora vivificante Faças nascer um jasmim.	You will not shine above me Like the gaze of a giant, Vivifying as it might be Make the jasmine bloom
Embora essa luz ajude Os campos a rebentar; Se é que me há de incomodar Que me importa essa virtude?...	Though this light might help Fields to ripen; If it shall bother me, What care I of its virtue?

This is a poem written in *redondilha maior* (seven syllable verses), with intercalated and paired rhymes, after the popular tradition of Portuguese poetry. This style goes hand in hand with the theme of the poem since its focus is social critique and, therefore, it has to be of easy understanding even though the use of irony calls for the reader´s sagacity.

The poet seems to be presenting an episode from Hanumat´s life, the god with a monkey face, minister of the king of the Vanar who, in his childhood, decides to eat the sun because he confuses it with a mango, a fact that raises a great uproar in the pantheon of the Indian gods. The poem treats Hanumat with great partiality because, if some of his typical characteristics appear in the text, such as the fact of being the son of Vayú, God of the Wind, his being big and strong, his courage to face wars, his being able to fly and move mountains, on the other hand, he is characterized in a grotesque manner, as having "a heart of a vulture", "fierce as cruelty". According to the poet, these latter traits do away with his most positive side such as being pious, courageous and wise.

Once Nascimento Mendonça reveals his knowledge of the Hindu tradition, the partiality with which he characterizes Hanumat can only be attributed to the motivation of the poet in the writing of this poem, as stated in the epigraph that refers to the extermination of the aboriginal population by the government of Australia. From the beginning, the epigraph frames the reading of the poem leading the reader to interpret the mythical episode from the perspective of the historical episode. Before the beginning of the poem, there is a subtitle, "Raconto", a word seldom used in Portuguese, that means "a real or imaginary narrative". The poem thus explores all the potential of this word´s meaning bringing together the real and the imaginary in it.

If the first five stanzas describe "Hanumat", in terms of the characterization mentioned above, the next six stanzas are devoted to commenting what kind of place the world would be if the Monkey-God decided to put an end to the sun: the birds would not sing in the morning, the flowers would not grow, and men would be unhappy and die. The last three stanzas even threaten preventing the sun from shining. Therefore, at the end of the poem, we can realize that all life on earth depends on the decision of the Monkey-God because, if its closing verses signal the capacity of the sun to give life to the world, it also affirms that "If it bothers me,/What do I care about this virtue?" ("Se é que me há de incomodar / Que me importa essa virtude?"). It is important to point out that the existence of all possible ways of life in the poem depend not on Hanumat´s strong and responsible will, but on his immediate whim, circumstantial and futile, as stated by the lines of the sixth stanza: "O sun! O sun! Be careful / In the light and the heat; / That make me furious/ I destroy you easily" ("Ó sol! Ó sol! toma conta / Nessa luz, nesse calor / Que em eu sentindo furor / Esmago-te..."). Hanumat is therefore considered a willful and cruel God.

The extermination of the Black aborigines by the Australian political elite is immediately associated with Hanumant´s will of the moment. The Monkey-God thus stands as an allegory of the futile and cruel aims of the elite, which would wipe out the whole population of the country if they so desired it, revealing themselves as being as immature as the Monkey-God in his first years of life.

The irony originates in the analogy between the behaviour of the Monkey-God in relation to the sun, and the behaviour of the Australian politicians towards the Aborigines. If it can be accepted that Hanumat, a mighty god, can exercise his will without producing a feeling of estrangement because, after all, the gods from this pantheon frequently lose their composure, it is unthinkable that a political elite might try to exterminate a whole population only because they are enraged, or because this population upsets them. The irony points to the barbarism, that is implied in this act of genocide.

As already observed, the book by Nascimento Mendonça is from 1904. On January 1st, 1901 the six autonomous territories of the Australian continent, then an English colony, constituted themselves as a federation and became a separate Commonwealth. That same year the "Immigration Restriction Act" was passed which banned the immigration of non-whites to the country together with other laws that strongly harmed the autochthonous population. The natives had been strongly oppressed during the nineteenth century, when the so-called "Black War" had aimed at exterminating the aborigines and occupying their lands. We still do not know which episode actually motivated Nascimento Mendonça to write this poem but, unfortunately, in the history of Australia of the nineteenth and the beginning of the twentieth century, there are a series of events, as already mentioned, that might have inspired him.

Considering the work of the poet as a whole — so far we have only been able to read *Orientais, Auto da vida, Hervas do Hind* e *Vatsalá* — it is possible to state that in his poems it is not so common to come across explicit political allusions of any nature. The other poems in *Orientais* do not carry this kind of reference; they deal, mainly, with love affairs, reflections on the human soul, the idealization of the Hindu woman, Buddha, Christ, and human suffering.

Through the critical approach we have put into practice to read "Hanumat", it is possible to say that Nascimento Mendonça deals with politics in a completely allegorical manner. If there were not an epigraph referring to the massacre of the aborigines in Australia, it would not be possible to associate "Hanumat" to this historical episode since there is nothing in the poem that refers implicitly or explicitly to this event. This reveals a very peculiar political involvement on the part of the poet that hardly reveals itself.

Final Words

The oeuvre of these different authors, each in his or her own way, contributed to giving shape to a literary tradition that had its roots both in India and Portugal and, little by little, developed a character of its own. This literary tradition, however, did not come to an end when Portuguese stopped being Goa's official language. Rather, as suggested by the reference to Laxmanrao

Sardessai, it transformed itself into the many narratives in the other languages from Goa, Konkani, Marathi, and English, written both from Goa and the diaspora, a fact that takes us back to the beginning of this paper when it was argued that Portuguese is just one language among the many other languages of Goa and India. G. N. Devy (1997, p. 395) explains Indian literature in terms of what he defines as literature and *para* literatures. *Para* literatures encompass what he defines as "non-canonized texts" (Devy, 1997, p. 395). In other words, the non-canonical traditions which are considered as being minor or marginalized because they are articulated in so-called minor languages. The relationship between *para* literature and literature, or canonical and non-canonical literature, also defined as *Deshi* and *Marga* respectively, is highly fluctuating and in the same way that languages change their status within the nation, so do literary traditions. One clear example in the state of Goa would be that of the literary tradition in Portuguese which passed from being the most important in Goa to a moribund one, and Konkani which, during Portuguese colonization was reduced to second place and today is studied as the most important literary tradition of the state. For Devy (1997) there is a dialectical relationship between these two bodies of literary narratives that form the backbone of the history of literature of India based on the Indian epistemology of non-duality. If *Para* is a term used in Indian literary studies to refer to Otherness to what is foreign or alien, both as a psychological and spatial reference, Indian literary tradition sees all texts "from the Vedas, the Upanishads, and secular literatures as reflections of Purusha, the greater self" (Devy, 1997, p. 398) that contains all and excludes none. All Indian literary narratives can be considered to be *selves* that do not exist independently but as part of an all encompassing *Self* (Devy, 1997, p. 398). We like to think that narratives from Goa in the Portuguese language also belong among them.

Texts Cited

Candido, Antonio. (1964). *Formação da literatura brasileira*. São Paulo: Editora Martins, vol. 2.

Castro, Paul Melo e, ed. (2015). Introduction. In *Lengthening Shadows. An Anthology of Goan Short Stories Translated from Portuguese.* Saligão Goa: Goa1556.

Castro, Paul Melo e. (2009). Vimala Devi's Monção. The Last Snapshots of Colonial Goa. In: *Portuguese Studies* vol. 25 no. 1, 46–64.

Das, Kumar Sisir. (1991). *A History of Indian Literature. 1800-1910.* Delhi: South Asia Books.

Das, Sisir Kumar. (1995). *A History of Indian Literature 1911-1956* - Struggle for Freedom: Triumph and Tragedy. New Delhi: Sahitya Akademi.

Deleuze, G; Guattari, F. (1975). *Kafka. Por uma literatura menor*. Rio de Janeiro: Imago Editora Limitada.

Devi, V; de Seabra, M. (1971). *A Literatura Indo-Portuguesa.* Lisboa: Junta de Investigações do Ultramar.

Devi, Vimala. [1963] *Monção.* Lisboa: Escritor, 2003.

Devy, G. N. (1997). "Literary History and Translation: An Indian View" *Meta, XI. II.*

Dube bhatnagar, Rashmi & R. Kaur. (2012). "Literature to Combat Cultural Chauvinism. From Indian Literature to World Literature. A Conversation with Satya P. Mohanty". In *Frontline.* April 12th.

Garcia, Francisco. (1958). *O homem das trinta e duas perfeições e outras histórias.* Escritos de Literatura Indiana traduzidos por Dom Francisco Garcia S. J. e publicados e anotados por José Wicki S. J. Lisboa: Agência Geral do Ultramar.

Kamat, Pratima. (1999). *Farar Far – Local Resistence to Colonial Hegemony in Goa 1510-1912.* Panaji, Goa: Institute Menezes Braganza.

National curriculum framework. National Council of Education, Research and Training Publication Department by the Secretary, National Council of Educational Research and Training, 2005.

Newman, Robert S. (2001). *Of umbrellas, goddesses & dreams – essays on Goan culture and society.* Mapuça, Goa: Other India Press.

Pinto, Rochelle. (2007). *Between Empires – prints and politics in Goa.* New Delhi: Oxford University Press.

Pratt, Mary Louis. (1994). The Short Story. The Long and the Short of It. In *The New Short Story Theories***.** Charles May, ed. Athens, Ohio: Ohio U. Press.

Stone, Lawrence. (1979). The Companionate Marriage. In *The Family, Sex and Marriage in England, 1500-1800.* London: Penguin.

Zagarell, Sandra A. Narrative of Community: The Identification of a Genre. In *Signs: Journal of Women and Culture in Society* 13.3 (1988): 498-527.

3

LOCAL HURDLES TO IMPERIAL DESIGNS: A HISTORICO-EMPIRICAL PERSPECTIVE OF PORTUGUESE IN GOA

Sovon Sanyal

> It is well known that bullet was only a physical subjugation but language was a means of spiritual subjugation.
>
> Ngugi Wa Thiong'o

One or the other language has played a paramount role behind the building of every empire and holding it together. History is replete with such instances. Every empire has resorted to linguistic imposition. Antonio de Nebrija, the author of Castellan grammar, wrote sagaciously in the dedication of his book:

> My Illustricious Queen. Whenever I ponder over the tokens of the past that have been preserved in writing, I am forced to the very same conclusion. Language has always been the consort of empire, and forever shall remain its mate. Together they come into being, together they grow and flower, and together they decline. (Clark, 1999, p. 83)

Portuguese seaborne empire is no exception in this regard. European language imperialism was initiated with Portugal's maritime expansion when Portuguese emerged from a European to a trans-world language and spread to Africa, Asia and America.

Language was envisioned by Nebrija as a tool for national unity and expansion of culture through colonisation — and finally for empire building. It is evident that the same spirit was imbibed in Portugal by Fernão de

Oliveira, author of the book *Grammatica da lingoagem portuguesa* (1536), and later by João de Barros, the author of *Grammatica da lingua portuguesa* (1540). "Nebrija argues that a single, standard, unchanging language is needed for national cohesion: the dissolution of the Roman Empire along with the dissolution of Latin served as a model and lesson for him. As with the Romans, the need for language policies surfaces when a government attempts to unite, more than one central authority, peoples who speak different languages. ...the presence of more than one language is seen to be a threat to national unity, and there is therefore a tendency toward monolingual policies in empires, resulting in the suppression of minority languages" (La Rosa, 2018). For expansion and consolidation of political power, Spain took to imposition of Castilian in re-conquered Spain and in America following Nebrija's line of thought. Philipson explains that "language spread invariably occurs in conjunction with forces such as religion or trade, which are seen by some as extra-linguistic, but the significance of language as a tool for unification has long been recognised" (Philipson, 2007, p. 31). The lives and works of Fernão de Oliveira and João de Barros adequately show how they were steeped in the medieval Reconquest spirit. In the introduction to his grammar, João de Barros explains the language-power relation in the context of Portugal's spiritual and military conquest of the world:

> ...aquella que em Europa e estimada, em Africa e Asia por amor, armas e leys tam amada e espantosa: que por justo titolo lhe pertence a monarquia do mar & os tributos dos infieis da terra. Aquella que como hum novo apostolo, na força das mesquitas e pagodas de todalas seitas e idolatrias do mundo, desprega pregando e vencendo das reaes quinas de Christo: com que muitos povos da gentilidade sam metidos em o curral do senhor. (as cited in Bezzi, 2018)

Portuguese spiritual and commercial entrepreneurships were inseparably interwoven. Padre Antonio Vieira put this merchant-missionary interdependence aptly in his *História do Futuro*:

> Se não houvesse mercadores que fossem procurar os tesouros da terra no Oriente e nas Índias Ocidentais, quem transporia para lá os pregadores que levam os tesouros celestesos celestes? Os pregadores levam o Evangelho e os mercadores levam os pregadores. (Boxer, 1992, p 77)

In the contemporary Iberian colonial ethos, language could not be left out from the expansion of commerce, faith and culture.

My focus is Portuguese Goa, which intensely witnessed in the 400 years between 1510 and 1910 varied phases of spiritual and linguistic subjugation by the Church and the Crown. Here the inhabitants, both Catholics and Hindus suffered immensely due to the imposition of Portuguese. Providing some unhistorical and romantic images about the language in colonial Goa is not my intention. With some empirical evidence such as promulgations of the Goa Councils or Holy Office about use of Portuguese during the sixteenth, seventeenth and eighteenth centuries, I would focus on the imperial obsession of the colonial government about the use of their language in Goa among its Christian and non-Christian inhabitants. In this context, I would also underline some reasons for the disappearance of Portuguese from Goa.

Afonso de Albuquerque, the first Governor of Goa (1510-1515) was known for his "three-fold grand scheme of combating Islam, spreading Christianity, and securing the trade of spices by establishing a Portuguese Asian empire". He planned to transform newly conquered Goa into Lisboa by spreading his religion and culture — and with that intention initiated the teaching of Portuguese along with his mixed marriage stratagem (Sanyal, 1994, p. 58). In building an overseas space where Portugal/Occident would grow in India/Orient, language for Albuquerque was of no lesser importance than religion and culture. The importance of language as a tool for building empire had already been realised by the Portuguese authorities. On observing the native students' impressive progress in learning Portuguese, Albuquerque's enthusiasm about the imposition of the language heightened. It is reflected in a letter he wrote in 1512 to King Dom Manuel I:

> Achei uma arca de cartinhas por onde ensinam os meninos e parece-me que Vossa Alteza as não mandara para *apoderecerem* estando na arca e ordenei um homem casado aqui, que ensinasse os moços ler e escrever, e, havera na eseola perto de cem moços... São muito agudos e tomam bem o que lhes ensinam e em pouco tempo. (as cited in Pato, 1903, p. 29)

Attempts were made to turn Goa into a monoreligious, monocultural and monolingual space effacing its original heterogeneous religio-cultural and linguistic characters. Hindu temples were pulled down, all the emblems of the

Hindu religion were effaced; religious books written in the vernaculars were burnt. These Hindu temples were the centres for learning Sanskrit, Konkani or Marathi. The churches of Goa played a leading role in grafting Lusitanian culture on the locals, which was originally initiated by Albuquerque. Gradually Konkani was replaced with Portuguese in public domain. The essence of Portuguese expansionism is aptly encapsulated in the words of Camões, "... toda terra é patria para o forte". With Camões, Portugal's linguistic nationalism reached a new height.

Schools were established by different religious orders where Portuguese was taught along with other subjects like Latin, religious songs, etc. The Jesuits did not despise the vernaculars, rather studied them and composed works on various topics. "During the governorship of Dom João de Castro (1545-1548), by virtue of Carta Régia of the King Dom João III, many parochial schools were set up where Portuguese language was taught besides religious songs and basic mathematics. Such schools were founded in Old Goa, Salcete and Bardez."[1]

With the foundation of the College of Reis Magos by the Franciscans in 1555, spiritual conquest started in the villages. The members of this order were known for their ignorance of and despise for the vernaculars. They advocated the use of only Portuguese in private or public and suppression of Konkani in Goa. The year 1560 witnessed the establishment of the Inquisition in Goa. Nevertheless till 1684, the ecclesiastical and civil powers had appreciated the study of Konkani and other vernaculars. Portuguese control over Goa was under serious threat due to the rising power of the Marathas and their repeated onslaughts during the late seventeenth and early eighteenth centuries. Renewed attempts were then made to forcibly impart the inhabitants a Portuguese identity through more rigorous spiritual and cultural subjugation. Promotion of Portuguese and suppression of Konkani was an integral part of this subjugation process. The Viceroy of Goa, Francis de Tavora, Conde de Alvor (1681-1686), decreed on 27 June 1684 that:

> In order to put an end to all inconveniences, it would be suitable to set aside the use of the vernacular idiom and to insist that all apply themselves to speak Portuguese since the use of both the languages at

1. Boletim do Instituto Menezes Braganca, No. 130, p. 40.

> one and the same time gives cause to various inconveniences, including that of not being understood. ....the Parish Priests and the school teachers shall impart instruction in that language so that in course of time the Portuguese idiom will be common to one and all, to the exclusion of the mother tongue; and to achieve this end the language used in sermons and meetings shall be Portuguese, until it comes into daily use; therefore I assign three years, a period within which the Portuguese language ought to be studied and spoken. Moreover, this language alone should be used by the people in these parts in their dealings and other contracts which they may wish to enter into, those using the vernacular being severely punished for not obeying this mandate. (Rivara, 1958, p. 18)

This decree clearly reflects the power of the Inquisition and the Viceroy's favouritism towards the Franciscans who were notoriously averse to learning local languages and advocates of complete Lusitanisation of Goa. No threats could force the Konkani speaking community to part with their mother tongue. The passive resistance of the Konkani speakers necessitated Amaral de Coutinho, head of the Goa Inquisition to order in 1731 that all Goan Catholics would speak only Portuguese and not their mother tongue so that they might not return to their old faith. Again in 1732 all Catholics of Goa were instructed not to use their mother tongue Konkani "for the welfare of their souls as well as the security of Portuguese dominions" (Rivara, 1958, p. 184). Lusitanising the Goans, particularly the Catholics, was a dual process — enslaving spiritually and simultaneously eliminating all vestiges of their Oriental precepts and beliefs, including their language. "The whole system of the Inquisition aimed not only at the extirpation of superstitions and idolatrous beliefs, but also of innocent usages and customs retaining a trace of the Asiatic society, which existed previous to the conquest by the Portuguese. Consequently the language was involved in this general proscription" (Rivara, 1958, p. 207). It was a failed attempt to cleanse the cultural memory of the people. Even when entire villages were converted by force or other means, villagers showed remarkable linguistic resilience and Konkani continued to be the first language of the inhabitants._

Ironically, the oppressive and implausible language policies of the Portuguese administration in Goa under the influence of the Inquisition prevented Portugal from achieving its original objective of spreading

Christianity. One inquisitor who worked for nearly two decades in Goa wrote to the king in 1731:

> The first and the principal cause of such a lamentable ruin (loss of souls) is the disregard of the law of His Majesty, D. Sebastião of glorious memory, and the Goan Councils, prohibiting the natives to converse in their own vernacular and making obligatory the use of the Portuguese language; this disregard in observing the law gave rise to so many and so great evils to the extent of effecting irreparable harm to souls, as well as to the royal revenues. (Rivara, 1958, p. 207)

The obsession of the Inquisition had reached a fearful height when Catholics were persecuted for not being able to speak Portuguese. The Inquisition suspected that speaking Konkani would ultimately make the neo-Christians revert to their earlier faith. To underline the irrationality involved in such linguistic policies, the inquisitor quoted above reported that in some places, members of the village communities, including women and children, had been arrested and accused of malpractices since they could not speak any other language but their own (Rivara, 1958, p. 207).

Another law was promulgated in 1745 by Archbishop Lourenço de Santa Maria, by which all native Catholics were ordered to accept Portuguese. He also restricted marriage and priesthood to those who spoke Portuguese exclusively. Brahmins of two provinces were given six months and members of other castes one year for learning Portuguese (Rivara, 1958, p. 213). The starkness of the situation is conveyed by the Proclamation of the Holy Office against many local usages and customs. The natives were prohibited to sing marriage songs, popularly known as *vovios*, even in private. For the Goan Christians as well as the Hindus, learning Portuguese was the only option left if they wanted to live in their ancestral lands without being persecuted by the Portuguese authorities. "Undoubtedly it is the height of malice to affirm that Goan Councils had prohibited the natives to talk in their mother tongue, and had obliged them to speak the Portuguese language alone" (Rivara, 1958, p. 209). Goa had a respite from the Inquisition with the advent of Marquês de Pombal's liberal policy. But no major change came to the language policies of the government. Portuguese continued to be used for integrating indigenous communities. Inquisitional persecutions reappeared immediately after Pombal's loss of power as a minister. JoséAntonio Ribeiro da Mota, an inquisitor, pleaded in his report forresuming Inquisition in Goa as:

> The people of Goa do not speak Portuguese and as a consequence never acquire an adequate conception of Christianity and Portuguese culture nor rational love for Portuguese Government and religion. Hence the effect of the very efficient schools of Christian doctrine in Goa as also of the other corrective and educative activities of the Inquisition was very short-lived. It is therefore necessary that the Inquisition should be functioning continuously and permanently. (Priolkar, 1961, p.182)

To enter any service of the State or the Church, knowledge of Portuguese was made a prerequisite for the native Christians. Because of the persecution followed by expulsion of the Hindus and Muslims, the economic condition of Goa deteriorated further leading to the migration of Goan Catholics to British India (Sanyal, 1994, p.60).

The first state-run educational institutions appeared in Goa in the 1830s under Viceroy Dom Manuel de Portugal e Castro (1826-1830). He expressed his surprise at the fact that though Goa belonged to the Portuguese Crown and was governed by Portuguese laws, a very small group of its inhabitants could speak Portuguese. He instructed the school teachers not to allow their students to speak the local language in schools (Sanyal, 1994, p.60). The local government took a low-key programme of teaching Marathi, Kannada, Malayalam and Tamil, but Konkani was excluded from it. An order was issued in 1847 from the Archbishop's office forbidding the use of Konkani in all seminaries of Goa. In 1858 when no private printing press existed in Goa, the government press charged 25 per cent extra for printing a book in Konkani as it was a "foreign language" (Couto, 2004, p. 172).

The Inquisition was ultimately abolished in Goa in 1820. From 1800 to 1854, many institutions and colleges were opened where the medium of instruction was only Portuguese. Without the knowledge of Portuguese, education remained unattainable for a large section of the society. Nineteenth century Goa imbibed western education, while the winds of liberalism were blowing in Portugal and in its overseas colonies and produced a few native literary figures in Portuguese journalism. Because of their ability to use the Ruler's tongue, this tiny group of natives obtained entry into the Portuguese intellectual domain. The presence of Indo-Portuguese literature was visible with its abundantly conspicuous nativism. Vimala Devi and Manuel Seabra though think "verdadeira expressao literária indo-portuguesa" became already apparent at the end of the sixteenth century. The early nineteenth-century linguistic situation of Goa is described by Denis Lousis L. Cottineau Kloguen who visited the colony in 1821 in the following words:

> Pure Portuguese language is spoken and known grammatically by all the clergy, lawyers, physicians, magistrates and all those who can afford to receive any kind of education, all speak likewise a corrupt dialect, formed of the Portuguese; and the Concanee, or Mahratha language, which has been however, reduced to grammatical rules; the poorest, and those who cannot read chiefly the woman, speak only this language. (Kloguen, 2006, pp. 112-113)

Evidently this picture provided by Kloguen is not complete, yet it reveals the fact that a very small section of the Portuguese speaking Goans attained the level of proficiency required for legal, medical and ecclesiastical professions. "Goa cannot boast of ever having produced a single eminent literate, or even a second-rate poet..." writes Sir R.F. Burton (1851, p. 100), the famous British linguist and traveller who visited Goa in the middle of the nineteenth century. He actually blames the government for providing the citizens very poor cultural atmosphere. It needs to be mentioned here that like Albuquerque, Sir Burton observes among the Goans a natural aptitude for languages Burton (1851, p. 100). Even when liberalism entered Goa, the language policies incorporated no progressive views about the use of Portuguese vis-à-vis the vernaculars. Even the necessities of the knowledge of vernaculars for commercial interaction were incautiously neglected.

Journalism in Goa offered an opportunity for reduction of the animosity developed over the centuries between the colonial government and the Konkani speakers, and for a healthy growth of Portuguese with the local languages. But it seems the Portuguese officialdom remained possessed with Nebrija's spirit. During the Constitutional Period (1821-1910) as many as 12 laws were enacted solely for regulating the Press. The number of Portuguese periodicals in Goa had a sharp increase after 1859 when private printing press was allowed. Between 1821 and 1859, the number of Portuguese periodicals was 18 and between 1859 and 1894 it was 48 (Sanyal, 2018). As a matter of principle, repressive Press laws were enacted to prevent newspapers in vernaculars. Konkani newspapers appeared only in the last decade of the nineteenth century.

The triumph of the Republicans (1910) and separating the Church and the State brought to Goa English education, not supported by the government before. Schools were opened for both Christians and Hindus where Portuguese was a compulsory subject, but the provision of English was included. The middle-class Goans thoroughly capitalised this opportunity of acquiring the knowledge of English. Restrictions on the Hindu Goan students studying in Portuguese government schools were removed after nearly three and a half centuries (Couto, 2004, pp. 381-382). Though for another half a century, Portugal held Goa politically and Portuguese continued to enjoy official status, the future of the language became more and more precarious as it lacked popular support.

The repressive language policies devised by the colonial authorities for denationalisation and inculturation of the colonised during their four-and-a-half-century rule are primarily responsible for the present state of Portuguese language in Goa. Just before Liberation, the number of students who opted for the Portuguese language in school was barely 30,000. The census report of 1960 reveals that there were 7,883 Urdu speakers while the number of Portuguese speakers was only 5,972! Two facts emerge from this report. First, the Lusitanisation or assimilation of the Goan people failed miserably. Second, the upper classes who accepted Portuguese were really tiny compared to the size of the population. "For the Catholic, conversion had entailed assimilation: Portuguese was made compulsory and impacted the entire social fabric from marriage vows to legal action. It was the Catholic, then, who had been compelled to learn the language..." (Couto, 2004, p. 68). Nevertheless, for their language, the members of this class enjoyed preferment as well as some social power and prestige and later became the face of the Portuguese power in India.

Famous Portuguese anthropologist Orlando Ribeiro was sent to India in 1956 by Salazar to take stock of the Lusitanisation in Goa for strengthening his 'overseas province' claim on the territory. Ribeiro admitted that Goa was "the least Portuguese in its cultural expressions, even less than Guiné-Bissau" (Pereira, July, 2018). He praised the Goans for their intelligence and good behaviour and observed that Goa was "marginally influenced by Portugal" (Pereira, July, 2018). He was candid in commenting that Catholicism was assimilated and Portuguese was not spoken by the common people. He had not heard Portuguese spoken on the streets and found inculturation of the Goans to be exaggerated. Only a small elite section was Lusitanised (Pereira, July, 2018).

In reality, inculturation attempts were abortive; it fostered linguistic antagonism between the Portuguese and the Konkani speaking communities. The same discriminatory language policies were responsible for the slow growth of Konkani. Nevertheless, Konkani resolutely played a positive role in this linguistic atmosphere by offering cultural cohesiveness.

The Catholic middle class received Portuguese education while the same was denied to the Hindu middle class till the advent of the Republic. "Hindu students at the Lyceum were treated with arrogance and rudeness by some of the staff and students" (Couto, 2004, p. 235). The atmosphere was not conducive to the promotion of Portuguese. Even when the Hindu students received Portuguese education, they did not barter Konkani for Portuguese. The people of Goa had already begun to realise the power and advantages of English. As a consequence, the majority of the students turned back from Portuguese education and went to study in British India.

The social segregation created by the Portuguese government deeply vitiated the linguistic atmosphere of the colony. One scholar rightly observed that "On account of its peculiar history, in Goa the spoken language of the people has always been different from the languages of the literacy. ...Konkani remained the spoken language for the overwhelming majority of the people, but people were literate in Portuguese, Marathi or English, depending on whether they were educated in schools run by the government, private bodies or missionaries" (Tombat, 1995, p.57). The tiny Portuguese elite considered Konkani as a language of the illiterate and the servants, even though it was spoken by the majority of the Goans. After Liberation, the knowledge of Portuguese turned into a liability for the speakers. "To speak Portuguese in public life, it appeared, was an act of treachery" (Couto, 2004, p. 68).

Macaulay argued in favour of English for India to create "a class of persons, Indian in blood and colour, but English in taste, in opinions, in morals and in intellect". Neither Macaulay nor any other English politician had any intention to turn all Indians into 'Englishmen of India', as the Portuguese wanted to create 'Portuguese of India'. Portugal wanted to have a "micro Portugal on Indian territory, through a process of official nationalism (Tombat, 1995, p. 21). If English was imposed on India, it was imposed with support from within. Indians were desirous of learning English, as English did not come to them as a cultural threat. The use of vernaculars was not prohibited in British India; rather vernaculars got enriched in the contact of English. Neither multiculturalism nor multilingualism was perceived by the British as a serious challenge to their endeavours of empire building. Like Nebrija, Fernão de Oliveira and João de Barros considered these two elements as the Achilles' heel for the empire.

References

Boletim do Instituto Menezes Braganca, No. 130.

Boxer, C.R. (1992). *O Império Marítimo Português 1415-1825*, Edições 70, 1992.

Bezzi, Marina Thomé. (2018, June). *Língua portuguesa na África e na Ásia a partir do corpus pedagógico-catequético de João de Barros*. Retrieved from: http://www.snh2013.anpuh.org/resources/anais/27/1375466829_ARQUIVO_SNH2013-MarinaThomeBezzi-Trabalhocompleto_12-07-2013_.pdf

Burton, Richard F. (1851). *Goa and the Blue Mountains*; London, Richard Bentley.

Clark, Steven H. (2018, May). *Travel Writing and Empire*. New York, Zed Books, 1999. Retrieved from: https://books.google.mw/books?id=mhjnBgAAQBAJ&

Couto, Maria Aurora. (2004). *Goa-A Daughter's Story*, New Delhi, Penguin Books.

Kloguen, Denis Louis Cottineau de. (2006). *An Historical Sketch of Goa*, Delhi, B.R. Publishing Corporation.

La Rosa, Zhenja. (2018, June). *Language and Empire: The Vision of Nebrija.* Retrieved from: http://people.loyno.edu/~history/journal/1995-6/rosa.htm.

Pato, Raimundo Antonio de Bulhão. (1903). Cartas de Afonso de Albuquerque. Lisboa, Typographia da Academia Real das Sciencias de Lisboa Vol. I., p. 29.

Pereira, A.B. de Bragança. (2018, June) *Ethnography of Goa, Daman and Diu.* Retrieved from: https://www.google.co.in/search?tbo=p&tbm=bks&q=isbn:9351182088.

Philipson, Robert. (2007). *Linguistic Imperialism*, New Delhi, Oxford University Press.

Priolkar, A.K. (1961) *The Goa Inquisition*, Bombay.

Rivara, Cunha. (1958). *An Historical Essay on Konkani Language*, trns. Theophilus Lobo, Bombay.

Sanyal, Sovon. (1994). *Portuguese Studies: An Indian Perspective.* in *Hispanistica*, Vol. II, No. 1.

Sanyal, Sovon. (2018, March). *The Press and Censorship in Portuguese Goa.* National Seminar on Media Studies: Pedagogic and Methodological Engagements, organised by Centre for Media Studies, School of Social Sciences, Jawaharlal Nehru University, New Delhi.

Tombat, Nishtha. (1995). *Tristão de Braganza-Cunha (1891-1958) and the rise of nationalist consciousness in Goa* (Doctoral thesis, Goa University, Institute of Sociology). Retrieved from: http://irgu.unigoa.ac.in/drs/bitstream/handle/unigoa/3928/tombat_n_1995.pdf

4

MACAU:DE POLÍTICAS LINGUÍSTICAS A NOVOS CONTORNOS LITERÁRIOS

Mônica Simas

Introdução

Em 2011, quando a terceira edição do Simpósio Mundial de Estudos de Língua Portuguesa (SIMELP) ocorreu na RAE de Macau, eu coordenei, pela primeira vez, um debate entre 13 pesquisadores, do Brasil, de Portugal, de Macau, da Italia, da França e da Inglaterra inteiramente dedicado aos estudos literários da região, após apresentar a comunicação "Ainda as circunstâncias de uma literatura[1]" na qual chamava a atenção para alguns princípios necessários a um projeto literário, entre eles: a interação entre as diferentes comunidades da região; a adesão à noção de complexidade, situando o fenômeno literário em horizontes de produção, de recepção e de circulação, nas suas formas relacionais; o reconhecimento de diferentes níveis historiográficos; a identificação da identidade macaense de capital

1. Na apresentação dessa comunicação, percorri perspectivas teóricas acerca das histórias literárias e do fenômeno literário, principalmente, a partir de construtivistas radicais como Siegrified J. Schmidt e Claus-Michael Ort por um lado e, por outro, busquei situar a crítica contemporânea que propõe perspectivas para se ler a literatura produzida na RAE de Macau, através de textos de Ana Paula Laborinho, David Brookshaw, Cheng Weiming eYao Jingming entre outros. Busquei caracterizar demarcações políticas e culturais da produção e recepção de obras literárias, evidenciando a complexidade do fenômeno literário em Macau. A proposta foi ampliada, no início de 2015, durante um Seminário apresentado na Universidade de Macau – "Literatura de Macau, existe?" e, depois, no Congresso *Crossings* (Cruzamentos China, Portugal e Brasil) – "As línguas que nos inventam: Porta Macau", realizado em julho do mesmo ano na USP, Brasil. O resultado das referidas reflexões foi publicado na revista da Universidade de Columbia, *Asian Diasporic Visual Cultures*, com o título "Macau: a plural literature?", em 2016.

sinófono além daquela mais reconhecida de capital lusófono e a necessária caracterização da literatura de Macau a partir das diferentes línguas escritas e faladas, envolvendo pelo menos a chinesa, a portuguesa e a inglesa. Na altura, essa proposta foi vista como "bastante original", mas também como uma provocação aos olhos mais conservadores que ainda costumam identificar o fenômeno literário a partir de noções de nacionalidade, autocontidas linguística e culturalmente, ou ainda, em função de um sistema literário local. Chamou a atenção, na época, a ideia de uma literatura plurilíngue a partir de diferentes identificações identitárias. O tempo, no entanto, do período de transição até a passagem da soberania administrativa de Macau à República Popular da China, em 1999, e de lá até os dias atuais, mostra que os entendimentos acerca do papel da lusofonia e da educação na região viriam a convergir com essa proposta.

A noção de que processos históricos, migratórios, econômicos e políticos fizeram da região de Macau um espaço multicultural plurilíngue não é nova e as consequências disso para as novas políticas linguísticas já foram bastante apontadas (Grosso, 1999; Filipe, 1999; Correia, 1999; Chen, 2001, Borden, 2001; Ngai (2201); Teixeira e Silva, 2012; Teixeira e Silva, Lima-Hernandes, 2014). Ao cantonês, ao mandarim, ao português e ao inglês, transnacionais, juntam-se outras línguas como o *shanghainês*, o *hakka*, o tegalo, o birmanês, o japonês, o tetum, por exemplo. Uma das grandes questões, entretanto, ainda pouco exploradas é, como identificou Grosso (1999) o da comunicação entre as diferentes comunidades linguísticas que compõem a sociedade macaense, principalmente, se levarmos em conta que Macau fez a transição de uma cidade relativamente pequena a uma metrópole em poucos anos e que na última década e meia, possa ter passado de metrópole a cosmópole (Hsia, 2001). A intenção desta reflexão é a de trazer noções comprometidas com o plurilinguismo da região no campo da língua para a literatura, fazendo uma analogia entre ambas, o que pode alavancar um processo fundamental aos modos interculturais e, portanto, que favoreça a convivialidade comunitária.

Algumas marcas das novas políticas linguísticas

No estudo recente de Roberval Teixeira e Silva e Maria Célia Lima-Hernandes (2014), acerca das políticas linguísticas da RAE de Macau, ao utilizarem fontes de censos estatísticos relativos ao ano de 2011, que mostram índices de renda *per capita*, número de falantes por língua e números relativos às migrações, observaram que houve uma queda do uso da língua portuguesa, também da cantonesa e de outras línguas chinesas pela população e um aumento expressivo da língua oficial chinesa, o *pu tong hua*, conhecida no ocidente como "mandarim". Os autores, no entanto, são cuidadosos e ressaltam que os números não falam por si e que precisam ser lidos a partir do contexto relacional.

O marco que trouxe uma mudança mais significativa às políticas linguísticas, em especial, à portuguesa, foi, segundo os autores, a Declaração Conjunta de 1987, quando o Estado de Portugal e da República Popular da China acordaram que Macau passaria a ser uma Região Especial, de acordo com a fórmula "uma país, dois sistemas", de Deng Xiaoping. A RAE de Macau optou por manter o português como uma das suas possíveis línguas oficiais, tendo sido esta decisão ratificada na Declaração Conjunta (1999) que rege a região até 2049. A necessidade de quadros bilingues foi intensificada, desde então, e tornou-se, como aponta Grosso (1999), "num dos pontos vitais" do período de transição (1987-1999). Também é Grosso (1999) quem nos lembra que, desde o início da presença portuguesa neste enclave da Ásia, no século XVI, a existência de falantes bilingues era já imprescindível, embora o bilinguismo institucional sempre fora raro, por exemplo, nas escolas e, mais recentemente, nas universidades. Só no final da década de 1980 passou a haver uma dinâmica no ensino da língua portuguesa; produção de cursos e materiais; e seminários. Recentemente, o IPOR intensificou as estratégias do ensino de português como segunda língua; o Governo Português instituiu um Protocolo para receber nas universidades portuguesas, alunos chineses de Macau; a Universidade São José lançou um programa bilingue de Pós-Graduação para o estudo das culturas lusófonas e mais recentemente ainda, o Executivo da RAEM anunciou a criação, pela primeira vez, de turmas bilingues em duas escolas públicas para este ano letivo 2017/2018. Todas essas ações indicam uma mudança no entendimento acerca do papel fundamental do bilinguismo ou trilinguismo na educação que forma as bases das relações comunitárias da RAEM.

Se recuarmos no tempo, talvez, o próprio mito de Macau como *cidade aberta* tenha favorecido uma espécie de "cegueira" a esse desafio. A ideia de que o enclave, por ter sido um entreposto comercial, uma cidade portuária, por onde várias pessoas de diferentes origens passaram e algumas se fixaram, foi e é *ponto de encontro* entre diferentes culturas sempre encobriu as tensões que as comunidades viveram internamente, permitindo que estratégias de segregação fossem permissivamente toleradas, principalmente, no período da administração colonial (1846 – 1987). Em uma comunicação bastante original, num Simpósio Internacional que debateu estratégias de heranças culturais para o século XXI – *Culture of Metropolis in Macau*, Leon Satkowski (2001) desafiou esse senso comum relativo a expressão *ponto de encontro* ao aproximar Macau de Veneza nas contradições de ambas as cidades. O autor não deixa de registrar que, como cidades portuárias, as duas absorveram tanto heranças orientais quanto ocidentais, já que Veneza encontrou inspiração na Antiga Roma, em Bizâncio e no Islão, enquanto Macau, nas culturas portuguesa e do sudeste asiático. No entanto, questionou se o fato de um templo budista e uma casa portuguesa estarem lado a lado significaria de fato uma integração ou se esse hibridismo corresponderia a um tipo de diversidade que costuma reproduzir conflitos e fronteiras culturais. O estudioso de guetos judeus italianos lembrou que o hibridismo por si não significa propriamente integração e que, em tempos recentes, existiam, em Macau, duas cidades distintas – a portuguesa com seus muros e a chinesa. De fato, Satkowski está longe de estar sozinho ao olhar para Macau como uma cidade fragmentada e cheia de separações, pois outros têm observado suas estruturas conflituosas e de mundos a parte. É o caso de Christina Miu Bing Cheng (1992) ou de Ana Maria Amaro (1991) e de Cabral e Lourenço (1993), autores do mais conhecido trabalho sobre a etnicidade de Macau. Há bem pouco tempo, a Revista *Macau* trouxe uma reportagem de Paulo Barbosa (2012) acerca do desenvolvimento dos bairros da RAEM, com depoimentos que reforçam a relação entre as estruturas da cidade e posições de poder específicas. Na reportagem, Tereza Sena sublinha que exatamente por ter sido uma cidade portuária, seguindo o modelo das Fortalezas do período dos Descobrimentos, já no século XVII, ela estava muralhada – a cidadela separada das pequenas aldeias chinesas, como Patane, Mong-Há e A-Má. Além disso, ela refere a zona de São Paulo, na colina fortificada, como "uma cidadela dentro da própria cidade" (p. 33). Relembra que havia "uma coexistência de jurisdições sobre as populações, um pouco na linha das cidades portuárias asiáticas" (p. 33), diferenciando por consequência as formas de cidadania da população. Na mesma reportagem, Vizeu Pinheiro, consultor do Instituto para os Assuntos Cívicos e Municipais (IACM) relembra a proibição dos chineses de viverem na cidade cristã e de "como se foram formando cidades paralelas" (p. 33).

Só para dar um exemplo, a zona de Mong-Ha, citada também por Tereza Sena como uma das aldeias chinesas antigas, foi, de acordo com a história local coletada por Jason Wordie (2013), colonizada predominantemente por migrantes *hokkien* de Amoy, atual Xiamen, que fica perto da costa de Fujian, bastante diferente da Patane, ocupada por pescadores e muitos *tan ka* que deixaram a zona marítima para se estabelecerem em terra firme juntamente com comerciantes que chegavam de outras províncias de Guandong. É importante observar que as distinções entre as antigas zonas demarcadas de Macau ainda podem ser percebidas nas configurações de alguns bairros, como as que mostram os bairros vizinhos de São Lázaro e da Horta e Mitra, este último lugar conhecido pelos chineses como Cheok Chai Um. Nota-se que, apesar de contíguos, expressam vivências urbanas completamente distintas.

Por outro lado, a situação da língua portuguesa está longe de ser tão desfavorável quanto os prognósticos mais pessimistas que apontavam, no período de transição, a um declínio absoluto da sua difusão. Se considerarmos que grande parte da comunidade portuguesa deixou o território e retornou a Portugal, em 1999, para reassumir quadros do funcionalismo público, a tal indicação estatística de uma diminuição de falantes da língua, de 3% para 2% e pouco, identificada nos quadros estatísticos mostrados por Teixeira e Silva e Lima-Hernandes (2014), pode significar inversamente um aumento de falantes da língua portuguesa, só que veiculada como segunda língua, na região, nos últimos anos. Para Mário Filipe (1999), esses dois vetores – língua materna e segunda língua – precisam ser separados no planejamento das estratégias linguísticas e o interesse pela língua portuguesa, na RAEM, estaria condicionado à criação de razões que levassem a comunidade de língua chinesa a interessar-se por ela. Um dos poucos estudiosos a afastar-se de posições pessimistas, assinalou ao possível interesse de chineses por aprender o português enquanto uma língua internacional, uma língua de negócios, uma "mais valia". Tudo leva a crer que o seu prognóstico estava mais perto da realidade vivida nesse segundo milênio, pois com o aumento de negócios entre a República Popular da China e a África de língua portuguesa, de fato, houve uma procura mais intensificada pelo português como segunda ou terceira língua. Neste ano, entre os inúmeros seminários dedicados à cooperação luso-chinesa, especialmente, no domínio econômico, comercial e empresarial, chamam a atenção aqueles que se ligam às "Novas Rotas da Seda" que englobam "Uma faixa, uma rota" dedicados às infraestruturas das conexões das rotas da seda terrestres e marítimas sem deixarem de lado as vertentes culturais. O projeto quer lançar bolsas de pesquisa sobre diversos aspectos dessas conexões que reforçam o papel de regiões lusófonas nas conexões do sudeste asiático. As bolsas serão oferecidas a portugueses e falantes da língua portuguesa, incluindo os países africanos e o Brasil, que tenham por objetivo estudar o impacto de várias conexões nessas rotas.

Parece que o sudeste asiático quer expandir a cartografia da lusofonia para além dos seus limites linguísticos. O interessante é que, quando se fala de lusofonia oriental é bastante claro que o termo deva considerar o legado histórico-cultural de Portugal espalhado pelas regiões do sudeste asiático e sem se restringir à língua portuguesa. Nesse sentido o termo *lusofonia* aproxima-se do que, em Macau, sempre foi chamado de *portugalidade*, ou seja, aquilo que advém do contato cultural e não somente linguístico. Pelo menos, essa é a posição de Ana Paula Laborinho (1999), que aponta a necessidade de se deixar o discurso saudosista e imperial de lado, estendendo o entendimento sobre a própria lusofonia. Já o mesmo não acontece na maioria dos discursos lusófonos quando estes referem o capital cultural sínico. Normalmente o termo geral *chinês* ou *chinesices* servirá a um amplo domínio indiferenciado. Para Mário Filipe (1999), se o plurilinguismo é uma estratégia a ser posta em ação, a comunidade luso-falante também deveria aprender o chinês por forma de reforçar a sua condição de membros da comunidade maior que é a população da RAE de Macau. Fazer valer a reciprocidade linguística e cultural bem como expandir o próprio entendimento acerca da lusofonia parece ser o grande desafio das políticas linguístico-culturais dos novos tempos na RAE de Macau.

Marcas de mudança na Literatura

E o que acontece com a Literatura? E haveria um marco histórico a sublinhar uma mudança de pensamento? Sem dúvida, um momento importante acontece em 1999, data da transferência da administração portuguesa de Macau para a República Popular da China, quando três instituições político-culturais apoiaram a publicação da *Antologia de Poetas de Macau*, uma edição bilíngue português–chinês, numa tentativa de aproximar as poesias que coexistiam, até então sem muitas trocas, como refere Ana Paula Laborinho (1999) no prefácio da obra. Os Institutos Camões, Cultural de Macau e Português do

Oriente chancelaram esta antologia rara, organizada por Yao Jingming e Jorge Arrimar.

É sintomático que, no ano da transferência da administração de Macau, tenha havido este esforço de aproximação. Esta ação não foi pontual, surgiu naquele contexto de programas de infraestrutura que se desenvolveram nos anos de transição em função da busca de sustentação de uma cultura própria para a afirmação da autonomia da região. Se pensarmos que, três anos antes, em 1996, a Fundação de Macau havia editado a *Antologia de novos poemas de Macau*, organizada pelo poeta Cheng Wai Ming (Zheng Weiming em mandarim), somente com poetas chineses e que o mesmo acontece em 2007, quando o professor Li Guanding editou a sua *Antologia de Poesia Contemporânea de Macau*, pelo mesmo instituto, fica evidente a excepcionalidade da obra de Yao e Arrimar. Anos mais tarde, em 2010, Christopher Kelen, professor de redação criativa do Departamento de Inglês da Universidade de Macau e editor da ASM, iria publicar a mais extensa antologia de poesia de Macau, em inglês, com poetas de expressão portuguesa, chinesa e inglesa. Durante a primeira década após a transferência seria, ainda, responsável pelo projeto mais dinâmico de publicação bilíngue inglês–chinês de poetas novos de Macau, do seu entorno ou que participam das rotas geoculturais aproximadas à região.

As questões que envolvem a definição do *corpus* poético de Macau, o contorno da sua paisagem ou mesmo de sua literatura têm acompanhado as variações discursivas acerca das identidades, como apontadas no estudo de Vanessa Cunha (1998) – naturalidade – interculturalidade – portugalidade. Desde o período de transição da transferência (1987–1999), os discursos acerca da portugalidade foram sendo substituídos pelos da interculturalidade e paralelamente o da naturalidade foi dando lugar ao da "residencialidade" devido a sua importância jurídica. As velhas e novas demarcações e cumplicidades parecem vir ao encontro de um imperativo – a diversidade cultural – possível catalisador de uma política de pacificação social. Como bem lembra Piteira (1999), as situações de "crise de identidade" "tendem para a conflitualidade" (p. 64). No entanto, deveríamos pensar se o conceito de "diversidade" relacionado ao relativismo filosófico que apareceu em algumas formas de antropologia também não serviria para incentivar e acomodar determinadas formas de poder consolidadas.

Para Homi Bhabha (1996), a importância de se pensar uma narrativa diferente daquela da "diversidade" provém do fato de que esta parece já ser conhecida e incentivada há muito, mas localizando as culturas "diversas" sempre em molduras referenciais de um "tempo universal" que acaba por transcender as diferenças particulares. Dessa forma, ao pensarmos sobre as esferas que envolvem o multiculturalismo, seria pertinente observar que ao mesmo tempo que se pratica o endosso à diversidade cultural surge uma correspondente contenção das diferenças envolvidas. Em um contexto de identidades políticas desiguais, como é aquele que se desenvolveu nos processos de administração colonial, o multiculturalismo, para se libertar das molduras universais, deveria desafiar o consenso normativo da "diversidade" que tende a ocultar aquelas negociações que se situam no limiar das fricções dos vários grupos comunitários. Ora, o fenômeno literário não pode ser isento neste contexto. A própria literatura não pode enquadrar-se na definição de cânones nacionalistas de expressão monolíngue. Além disso, seria pertinente escavar a "diferença" que se apresenta muitas vezes no contexto tão sobejamente citado do multiculturalismo de Macau alargando o contorno literário comumente monolíngue.

Entre os estudiosos da Literatura de Macau, foi Cheng Wai Ming (Zheng Weiming em mandarim), o primeiro, talvez, a definir que a Literatura de Macau estaria aberta a todas as línguas e que ela não poderia ser considerada somente em relação aos escritores que nasceram no território (ou mesmo que fossem residentes). Uma noção importante do seu texto "Literatura chinesa de Macau entre os anos oitenta e princípio dos anos noventa" seria a de refletir sobre a fluidez de Macau a partir das suas próprias características; a de ter sido um lugar de fluxos migratórios intensos, tanto por ter recebido refugiados de vários lugares no decorrer dos eventos históricos dos séculos XIX e XX, quanto por ser caracterizada, hoje, também por suas diásporas. Ele aponta para a necessidade de uma conceituação flexível daquilo que nós poderíamos identificar como sendo Literatura de Macau. Abraçar essa perspectiva significa dizer que, quanto mais a leitura do repertório literário de Macau for variada em termos de autores, línguas e meios de (re)produção, mais próximos estaremos de começar a entender um fenômeno que é de alta complexidade. Essa discussão refere-se obviamente às condições de recepção e de crítica e a tradução ocupa, sem dúvida, um papel chave nesse processo. Entre a "diversidade" e a "diferença" cultural, no entanto, mais importante ainda é a noção de que a tradução incide discursivamente sobre identificações literárias que tanto podem de acomodação dos conflitos ou de confrontação e de negociação. No caso da Literatura de Macau, e mais especificamente da poesia, nos últimos dez anos, parece haver uma forte demanda de identificação dos chineses de Macau em diferença tanto com relação aos portugueses, macaenses ou chineses do continente. De um modo geral, no período de transição, muitos autores chineses se alinharam à identificação cultural da *chineseness* ou "chinesidade", emparelhando-se ao discurso ideológico de "retorno à mãe China". No entanto, passados mais de dez anos da transferência, a *chineseness* ou "chinesidade" já não parece ser suficiente para caracterizar a *diversidade* de Macau. A demanda por uma identificação do "modo de viver" próprio dos chineses de Macau está longe de ser uma novidade, mas só recentemente ela tem conseguido chamar a atenção da crítica e dos estudiosos. Na Literatura, parece que sempre houve uma cegueira significativa à produção da literatura chinesa por parte da comunidade macaense enquadrada na portugalidade e vice-versa. Cito, por exemplo, uma entrevista do mais conhecido escritor de Macau, Henrique de Senna Fernandes à Inácia Morais, em 2005, na qual o autor faz a afirmação de que os chineses de Macau não têm procurado escrever o Macau chinês. Diz: "Não existe nenhum chinês que escrevesse sobre o viver de Macau do ponto de vista de um chinês. Tenho curiosidade em saber como os chineses identificam Macau, se como cidade europeia ou chinesa" (p. 3).

A situação é bastante inusitada. Primeiro, reparo que o raciocínio é todo em função de uma polaridade entre culturas apartadas ... repito: "se os chineses identificam Macau como cidade europeia ou chinesa ..." Segundo, já em 1998, Maria José Trigoso tinha publicado o livro *Sete Estrelas. Antologia de Prosas Femininas* com textos curtos de 8 autoras chinesas, sendo que entre elas, nos anos de 1960, Lam Wai já havia dirigido, em Macau, uma revista mensal de artes e letras, *Hong Dou* onde começou a publicar poesia, prosa e ficção. Lam Chong Ieng já havia sido compiladora duma antologia de literatura de Macau que, foi depois publicada pela Fundação Macau; Seng Soeng Ching, com quem tenho tido mais contato, já tinha também publicado nos anos de 1960 crônicas e ficção sendo que o seu romance "Amor Errado" fora adaptado para a televisão na RPC; Mong Shi já tinha publicado um estudo crítico, nessa altura, sobre "A literatura feminina de Macau", Yi Ling teria publicado, o livro de poesia *Lindong dao* [A ilha flutuante]. Depois, na década de 1980 seria conhecida por sua poesia social e combativa que apareceria em vários dos seus livros. Essa antologia é uma mínima amostra da riquíssima produção literária chinesa de Macau que parece ter existido desde sempre já que Luís Gonzaga Gomes refere que na maioria dos jornais chineses havia colunas literárias e que, em Macau, nos anos de 1960, residiriam uns 30 indivíduos exercendo a profissão de contadores de histórias, tradição, aliás, a qual a poetisa e pintora Fernanda Dias vai se vincular e que deu origem, num trabalho gestado em longa duração, aos *Contos da Água e do Vento*, editados em 2013. É a própria Fernanda Dias que reconta os contos de Ling Ling traduzidos por Stella Lee Shuk Yee, no livro *Amores do Céu e da Terra. Contos de Macau*, a maioria em torno das dificuldades da vida de Macau dos anos de 1940 e 1950. Stella Lee Shuk Yee fala do profundo amor que autora dedica aos seus personagens, que vivem em torno de uma certa casa de pasto, sempre através da lente de uma aproximação interessada e terna. Ainda, em 2015, ano do meu pós-doutoramento na RAE de Macau, a Fundação de Macau publicou a 44ª obra de uma coleção dedicada à Literatura de Macau de língua chinesa. Nenhuma dessas obras foi, até o momento, traduzida para o português.

Ora, se a historiografia de Macau acerca da instalação dos portugueses na região deu um salto com a publicação do estudo de Fok Kai Cheong, ao cruzar referências chinesas, portuguesas e estrangeiras naquilo que ficou conhecido como "fórmula Macau", imaginem a literatura quando ela passar a ser estudada a partir de referências linguísticas diversas. Nesse ponto, parece que os chineses vão dando os primeiros passos. As obras de Henrique de Senna Fernandes foram traduzidas para o chinês e o inglês. Também em 2016, foi publicada a obra *Uma bibliografia da Literatura de Macau, 1600 – 2014*, a partir de fontes chinesas, portuguesas e inglesas por Wong Kwok.

Para concluir

A RAE de Macau continua a ser um ponto estratégico nas conexões entre o sudeste asiático, a Grande China, Portugal e os espaços da lusofonia e, sendo assim, a língua portuguesa pode ter um papel importante na circulação material e simbólica da região. As políticas linguísticas têm se inclinado ao favorecimento do plurilinguismo de acordo com os processos históricos que formaram a sociedade macaense. Seria pertinente que a Literatura também viesse a seguir as mesmas estratégias das novas políticas linguísticas. Por fim, gostaria de lembrar que, em um artigo de 1998, publicado na *Revista Macau*, Rui Rocha observa que no limiar do século XX instalou-se por todo o planeta várias guerras fragmentadas com diferentes formas de conflitos fratricidas como aqueles entre os muçulmanos no Iraque e no Irão; os da Bósnia; os da Ásia, do Sri Lanka ou do Camboja citando alguns exemplos. O fator que o educador destacou entre as várias reflexões sobre as causas desses conflitos é que eles se deram, principalmente, em função de imperativos culturais. Nesse texto, Rui Rocha fez um alerta: o de que a multiculturalidade da sociedade não deveria ser uma justaposição de "monoculturalidades" fechadas como nomeia Jean-Claude Forquin porque esse tipo de atitude transporta consigo o gérmen da segregação ou da auto-segregação e pode, a qualquer momento constituir uma ameaça à convivialidade entre os diferentes grupos sociais. O que ele afirmou, portanto, é que "se aceitarmos que Macau é uma sociedade multicultural, então tudo deve fluir desta característica: as suas leis, as suas instituições, as suas escolas e os seus currículos. A não ser assim, teremos uma sociedade multicultural e cidadãos monoculturais". Ou seja, a Literatura pode e deve dar uma contribuição a esse processo ao ser produzida, veiculada e criticada com base na constituição multicultural da região.

Referências

Amaro, Ana Maria. (1991). Macau, Terra de Contrastes. *In:* Cruz E Silva, J. A. *Um Olhar Sobre Macau.* Macau: Fundação Oriente, Instituto de Investigação Científica Tropical.

Arrimar, Jorge e Yao, Jingming (org.). (1999). *Antologia de Poetas de Macau.* Macau: Instituto Camões, Instituto Cultural de Macau e Instituto Português do Oriente.

Bhabha, Homi. (1996). O Terceiro Espaço. Uma entrevista com Homi Bhabha. Entrevistador: Jonathan Rutherford. *Revista do Patrimônio Histórico e Artístico Nacional. Cidadania.* Rio de Janeiro, n. 24.

Barbosa, Paulo. Nos Tempos em que Macau era Bairrista. *Revista Macau.* Macau: IV série, n. 29, dezembro de 2012.

Borden, Ian. (2001). The 'Strangely Familiar' City: Cultural Challenges to the City Objects. *Culture of Metropolis in Macau. An International Symposium on Cultural Heritage Strategies for the Twenty-first Century.* RAEM: Instituto Cultural do Governo da RAE de Macau, pp. 97-103.

Cabral, Pina e Lourenço, Nelson. (1993). *Em terra de tufões: dinâmicas da etnicidade macaense.* Macau: Instituto Cultural de Macau.

Chen, Arthur H. (2001). Revitalizing the Cultural Symbiosis of Macau. *Culture of Metropolis in Macau. An International Symposium on Cultural Heritage Strategies for the Twenty-first Century.* RAEM: Instituto Cultural do Governo da RAE de Macau, pp. 75-81.

Cheng, Miu-Bing (Christina). (1998). *Macao: a cultural Janus.* Hong Kong: Hong Kong University Press.

Cheng Wai-Ming. Literatura Chinesa de Macau entre os anos oitenta e os princípios da década de noventa. *Revista Administração,* n. 29, vol. VIII, 3o., 1995, pp. 501-523.

Correia, Ana Cristina Rouillé. Macau, Macaenses e Língua Portuguesa. *Revista Camões: Revista de Letras e Culturas Lusófonas,* n. 7. Lisboa, outubro-dezembro de 1999, pp. 119-124.

Cunha, Vanessa. (1998). *Sobre a identidade e a morte. Histórias macaenses.* Macau: Instituto Cultural de Macau.

Filipe, Mário. Macau e a situação futura da Língua Portuguesa. *Revista Camões: Revista de Letras e Culturas Lusófonas,* n. 7. Lisboa, outubro-dezembro de 1999, pp. 102-106.

Grosso, Maria José Reis. Macau, identidade multilíngue. *Revista Camões: Revista de Letras e Culturas Lusófonas,* n. 7. Lisboa, outubro-dezembro de 1999, pp. 96-101.

Laborinho, Ana Paula. Por uma Lusofonia a Oriente: sinais do passado, estratégias do presente. *Revista Camões.* Lisboa: IC, outubro/dezembro de 1999.

Ngai, Gary M. C. Macau's Identity: The Need for its Preservation and Development into the Next Century. *Culture of Metropolis in Macau. An International Symposium on Cultural Heritage Strategies for the Twenty-first Century.* RAEM: Instituto Cultural do Governo da RAE de Macau, 2001, pp. 139-151.

Piteira, Carlos Manuel. *Mudanças Sócio-Culturais em Macau. A Questão Étnica do Macanese.* Lisboa: Instituto Superior de Ciências Sociais e Políticas, 1999.

Rocha, Rui. Macau, Multicultural Society? *Revista da Cultura. Series II,* n. 78, October, 1998, p. 26-31.

Satkowski, Leon. The Myth of the Open City: The Venetian Ghetto and the Architecture of Segregation. *In* CHEN, Arthur H., ed., *Culture of Metropolis in Macau.* RAEM, Instituto Cultural de Macau, pp. 205-212, 2001.

Simas, Monica. (2016). Macau: a plural literature? *Asian Diasporic Visual Cultures and the Americas,* vol. 2, USA: Columbia University, pp. 51-67.

Teixeira E Silva, Roberval e Lima-Hernandez, Maria Célia. Políticas linguísticas e língua portuguesa em Macau, China: à guisa de introdução. *Revista Signótica.* Goiás, volume 26, 2014, pp.61-76. Versão eletrônica em: https://www.revistas.ufg.br/sig/article/view/31400/16841.

Teixeira E Silva, Roberval. (2012). Linguagem, cultura e interação: espaços simbólicos construídos em língua portuguesa na China e em Macau. Fragmentum, v. 1 e 2, n. 35.

Wordie, Jason. (2013). *Macao. People ande places, past and presente.* Hong Kong, Angsana lmt.

5

EAST TIMOR, PORTUGUESE AND TETUM: A NECESSARY COEXISTENCE[1]

Regina Pires de Brito & Benjamim Corte-Real

East Timor represents the oriental half of the Island of Timor, situated at 430 kilometers Northeast of Darwin, Australia, in the Asian Southeast. While the first Portuguese to land there are unknown, it was registered to have taken place between 1512 and 15152. The Portuguese 'fixation" with the island starts with the first missionaries in 1556. However, it only becomes a significant colony much later, in 1633, with the founding of the Dominican convent. As such, the Portuguese presence – in the administrative and educational aspects – was represented almost exclusively through missionary actions. Only in 1702, with the first Portuguese Governor, António Coelho Guerreiro, did an "indirect" administration of the different Timorese kingdoms begin – an administration that extended until the end of the 19th century. There were disputed between Portugal and Holland for the island until 1914, when the division of the island was created – West Timor for Holland, and East Timor for Portugal.

The almost-twenty languages native to the country are of the Austronesian Language Family (Malayo-Polynesian) or Papuan Language Family (Indo-Pacific). This diversity is mainly due to Timor having been part of the sailing route of many peoples. As an integrator and social unifier in the face of the (ethnic-)linguistic dispersion because of those languages limited by zones, Tetum is spoken – a language whose expansion was promoted by the missionary action of the Catholic Church throughout the centuries, until being recognized by he Holy faith in October 1981 as a liturgical language within the local Church.

1. Translated by: Gabriella da Silva Araujo
2. Loureiro, 2015, pp.179-183.

Tetum presents itself in two forms: as a maternal tongue of some places (Alas, Balibó, Bato-Gadé, Fato-Berlio, Fatumea, Fohorén, Lacluta, Luca, Samoro, Suai, and Viqueque) and as a common form in practically the entire country. As a common language: for example, Tetum is a means of Timorese inter-(ethnic-) linguistic interlocution – hence it earning early on its recognized role as a prominent instrument of social cohesion, the culminating point in the face of its official status of constitutional consignment, alongside Portuguese, since 2002.

With the Carnation Revolution (or Revolução dos Cravos) of 1974, and the liberation of the African colonies, the FRETILIN, after the expulsion of Anti-Communist Movement (MAC – a coalition of various parties, UDT, KOTA, and APODETI), unilaterally proclaimed the country's independence on November 28th, 1975. However, on December 7th, 1975, with the support of the United States[3], Indonesia attaches, in an extremely violent occupation, East Timor to its territory for a period that lasts until 1999[4].

It is appropriate to note that before the events of 1974-75, the linguistic situation of East Timor presented itself in three levels (Thomaz, 2002):

1. of *local or regional languages* — modes of communication in various places, such as Bunak, Kemak, Galola, Fataluko, etc.;
2. of the *common language* — Tetum, working as an element of integration, in a variety known as "tetun-prasa" — different from "tetun-terik" or "tetun-loos" — called "the true Tetum, native to specific regions. Each of the three variations of Tetum — a language of oral tradition — possesses a simple grammar, mixed with words and phrases borrowed from Portuguese;
3. of the *administrative language* — Portuguese — the only language regularly written, which also played the role of integrator, at least at the leadership level and in the literate environment.

Differently from what was observed in many countries at the time of decolonization, in 1975 at the height of political tension, a certain linguistic unity was found in East Timor, guaranteed by the use of Tetum, the national language. Apart from that, FRETILIN, UDT (for independence), and

3. Gaspar, 2015, p. 300.
4. Marques, 2015, p. 326. Barbedo de Magalhães, 2015, p. 351.

APODETI (which favored the indexation by Indonesia) – as well as the other two smaller political parties – continued to value the Portuguese Language as an ancestral element and integral to the national culture (Hull, 2001, p. 37).[5]

It is important to remember the pattern of Portuguese colonization, within this small Asian area, in which the blending process with the Timorese (which lead to the assimilation of habits and values of the local customs), and the conversion to Catholicism [6]are emphasized. Among other aspects, they contributed to the natural incorporation of the syntactic structures and of lexical elements of Portuguese [7] to the local languages, as can be seen, nowadays, in the natural incorporation of syntactical structures and Portuguese lexical elements to the local languages. According to Corte-Real (2000), this is because of the disposition of elasticity of Tetum to be enriched by new concepts and vocabulary derived from Portuguese. The same cannot be verified with the Bahasa Indonesia and Dutch.[8]

Unquestioningly, the colonial administration favored Portuguese as the language of education, taught in schools, and used in written form as well as in the cultural and administrative activities. Nonetheless, this did not harm Tetum as a resource (when speakers of different mother tongues crossed paths) nor any of the other national languages (when dealing with the interlocution between speakers of the same mother tongue) in daily communication.

During the Indonesian period, however, East Timor suffered a process marked by the strong military and police action of "indoneziation" (of "detimorization") with the adoption of the *Pancasila* (the five principles of the Indonesian State) and of new directives in all areas: political, administrative, economic, infrastructural, socio-educational, religious, ideological, etc. In the linguistic level, the minimization in the use of the national language (Tetum) occurred, as well as the mandatory teaching in and learning of Bahasa Indonesia (the Indonesian language, a variant of Malaysian), introduced and imposed at the same time as persecution and prohibition of Portuguese began. The fact is that if the identity of a group is a reality which stands out in its representation of other perspectives of the world, because it is distinguishable

5. Figueiredo, 2015, pp. 280-280. Santos Freitas, 2015, pp. 505-506.
6. Carneiro, 2015, pp. 15-21.
7. Ximenes Belo, 2015, pp. 101-102; pp. 104-105.
8. Hull, G. & Lance Eccles, 2001, xiii-vx.

from them and in this way is recognized by others, then in the case of Timor:

> Compare to the fight of the resistance, the very regime of occupation recognized the strategic meaning of the Portuguese Language, of the Catholic Christian faith[9], and of the traditional Timorese values – elements indicative of the specificity of that half of the island, differentiating it not only from its occidental half (Indonesian territory), but also from the rest of the region. Because of this, the campaigns of the occupation were always geared towards destroying and dismantling the Timorese identity structure (Corte-Real & Brito, 2006, pp.129-130)[10],[11]

The use of Portuguese in different forms in the resistance (be it in "covertness", or in diplomacy) helped it to garner an even more symbolic value, being evoked innumerous times in the country's later reconstruction after the Indonesian period. To that sentiment, the "partnership" nature it has with the Tetum language, accentuating the naturality of the relationship of the Portuguese language with East Timor, as noted by Corte-Real and Brito (2006, p. 128): "Tetum continues needing this partnership for its constant description and for its distinctive role, and East Timor holds the claim to being the only sovereign country in all the oriental hemisphere to weave an Austro-Malaysian culture with ingredients with a latin-luso-Christian flavor."[12]

In 1999, after a new wave of violence from the Indonesian militia, due to the results of a referendum in which the Timorese population voted for its independence, UNTAET (United Nations Transitional Administration of

9. Sampaio, 2015, pp. 31-32.
10. "*Frente à luta da resistência, o próprio regime da ocupação reconheceu o significado estratégico da língua portuguesa, da fé cristã católica e dos valores tradicionais timorenses — elementos indiciais da especificidade da metade da ilha, distinguindo-a não só da sua metade ocidental (território indonésio), como também do resto da região. Por isso, as campanhas da ocupação aconteceram sempre no sentido de destruir ou desmantelar a estrutura identitária timorense.*" (Corte-Real & Brito, 2006, pp. 129-130).
11. Gomes, 2015, pp. 391-395.
12. "*o tétum continua necessitando desta parceria para a sua constante caracterização e para o seu papel diferenciador, e Timor-Leste afirma-se como único país soberano em todo o hemisfério oriental a tecer uma cultura austro-melanésica com ingredientes de sabor latino-luso-cristão.*" (Corte-Real & Brito, 2006, p. 128)

East Timor – created by the UN – arrived in East Timor in order to restore peace and start the country's reconstruction. With Timor's independence on May 20th, 2002, the Portuguese language became official, along with Tetum, according to article 13, number 2, of the Constitution: "Tetum and Portuguese are the official languages of the Democratic Republic of East Timor". [13] That is how expressing themselves in Portuguese, for the Timorese, as it appears in official documents of the new national state, shows a different facet of the country, in relation to its neighbors, such as Australia and Indonesia[14]. In the words of the first President-elect of the country, leader of the resistance, Xanana Gusmão:

> The political option of a strategic nature that East Timor established with the constitutional consecration of Portuguese as its official language, at the same level as the national language, reflected the statement of our identity by the difference that was imposed on the world and, particularly, our region where, it should be said, there were also similarities and ties of an ethnic and cultural character with the closest neighbors. Maintaining that identity is vital to consolidate a national sovereignty.[15]

There is an attempt, notably by the Anglophone (and Anglophile) community, to stimulate the use of English not only as a working language, but also as an official language, as a way of "ensuring technological development". This insistence went to the point of questioning the choice of Portuguese as the official language (along with the national language, Tetum), trying to dictate the "advantages" if English were given that status. After that, new

---

13. *"O tétum e o português são as línguas oficiais da República Democrática de Timor-Leste"*
14. Amado, 2015, pp. 49-50.
15. *"A opção política de natureza estratégica que Timor-Leste concretizou com a consagração constitucional do Português como língua oficial a par com a língua nacional, o tétum, reflecte a afirmação da nossa identidade pela diferença que se impôs ao mundo e, em particular, na nossa região onde, deve-se dizer, existem também similares e vínculos de carácter étnico e cultural, com os vizinhos mais próximos. Manter esta identidade é vital para consolidar a soberania nacional."* [President Xanana Gusmão's speech, proffered in Brasilia on August 1st, 2002, during the IV Conference of the heads of State and Government of the CPLP – Community of Portuguese Language Countries.] [Retrievable from www.cplp.org/noticias/ccegc/di7.htm]

discussions emerged, attempting to focus on a teaching centered on various mother tongues, as an option for Timorese Primary Education[16].

In this text, we will broach justifiable aspects of the parity and partnership between Portuguese and Tetum, official languages, which became associated, historically, in order to assist in the construction of Timorese identity[17].

The world, with its homogenizing civilizational mold, that is, with its constant meeting and communication of different languages and cultures, puts us before those issues as part of our daily lives. In truth, we deal with more than one language in our activities at every moment, from the most sophisticated and transnational, to the more elementary and rural.

Let us take the extreme example from the technical-legal language of an international treaty, such as the Timor Sea Treaty, in which each contracting, obviously, party safeguards against the possible impacts and consequences in each expression used in the official text of the Deal. In the case of the Timor Sea Treaty, more than one language is necessarily used: Portuguese (the more traditional official language and the first international language), and English (the foremost, although not the sole, language accepted by the States as a conduit for international deals).

Tetum, the other official language of East Timor, does not figure into this context of contractual rigor. Portuguese is supplementary and complementary to Tetum. That is, Portuguese figures into where and when Tetum cannot (yet) be present, in virtue of its own limitations.

If, inversely, we isolate ourselves from this linguistic sophistication of bureaucratic politico-administrative elitism, and move to the rural foothills of the Tatamailau mountain, in the village of Hatubuilico and its surrounding areas, we find that we cannot completely hide from the issue of bilingualism or multilingualism. The reasons can be, for example:

i. That the local language, the Mambae, is in continuous interaction with the national language – Tetum – because locations work in what is known as "language shift" and "code switching" between Mambae and Tetum;

ii. That Tatamailau has become, in recent years, a tourist center, receiving individuals from various nationalities and with many accents, bringing

16. Wigglesworth, 2016, pp. 96-106.
17. Corte-Real, 2014, pp. 157-179.

to the peace of the mountain different sounds, words, vocabulary, gestures and styles from several;

iii. The degree of permeation of Portuguese in the Timorese languages. This is why in that isolated place, we also find innumerous Portuguese language words in the Tetum and Mambae repertoire of the population in various percentages of use and comprehension:

Num.	Word from the Portuguese language	Acrolectal Pronunciation (refined, educated), Orthographic Standard	Mesolectal Pronunciation (slightly refined, early education)[18]	Basilectal Pronunciation (course, uneducated)
1.	cadeira	/kadeira/	/kadera/	/kadera/
2.	janela	/janela/	/zanela/	/sanela/ ou / dinela/
3.	chapéu	/xapeu/	/sapeu/	/sapeu/
4.	repolho	/repolhu/	/repoilu/	/refoilu/
5.	cenoura	/senoura/	/senora/	/sinora/
6.	ervilha	/ervilla/	/ervila/	/erbila/
7.	tomate	/tomate/	/tomati/	/tamati/
8.	Horas	/oras/	/oras/	/oras/
9.	bandeira	/bandeira/	/bandera/	/bandér/
10.	vitória	/vitória/	/vitori/	/bitori/
11.	revolução	/revolusaun/	/reblusaun/	/reblusau/
12.	independência	/independênsia/	/independensi/	/independensi/

In these examples, there can be found some factors which are common to all:

- Small territorial dimension of the country;
- Avid opening of the population;
- Malleability of the languages;
- Depth of the dissemination of the Portuguese language;
- Length of contact and interaction of the Portuguese language with Tetum at the heart of the community.

Those factors are in the origin of a natural permeability process at the level of sounds, words, concepts and values, both in Tetum and in the local languages. We can repeat this same sociolinguistic observation exercise in

18. The examples provided in the Mesolectal and Basilectal Pronunciation columns are approximate forms and should not be regarded as verified examples.

other (ethnic-)linguistic areas with similar results, since, for the Timorese society, comparative analysis matters insofar as it concerns citizens' daily lives, in their communicative activities, seeing as Timor is a *sui generis* country, a mini Babel or the "Babel Loro Sa'e", as Luiz Filipe Thomaz (2002) called it.

The interweaving of Tetum-Portuguese presents aspects that are self-imposing and transcend the phonological, morphological, syntactic, lexical and semantic purview, since this relationship reached a degree that involves the life and affirmation of a Nation, whose care, therefore, cannot be relegated to the appearance of circumstantial advantages at the rhythm of cyclical changes.

For this reason, we have organized this chapter's sequence in two parts: 1. Dealing with the disparity between Tetum and Portuguese in a comprehensive view; 2. Examining the linguistic parity in the Timorese context.

1. Disparity – a global view

That which, beyond the respective geographical space, emerges, in a comparative act of Portuguese and Tetum, is the contrast of the realities of each of the languages, that is, the resourcefulness that was structured and registered for centuries of the Portuguese language in the face of the initial systematization of Tetum.

In regard to Portuguese, we highlight, for example:

- Its seniority as a means of communication in the international arena since the time of the Great Navigations;
- Its Philological association to Latin and to the cultural values of Greco-Roman tradition;
- Its modernity, relevance, and internationality in the current world;
- The dimension of its dissemination – by geographical extension, degree of influence, cultural depth, and role as a forger of colonized peoples' nationality and of the language they took for themselves;
- Its role as a conduit in the propagation of the Christian faith and, currently, in the expression of the Lusophony[19];

19. Ximenes Belo, 2015, 133-134.

- The cultural expression brought in Portuguese, in its multiple varieties, of international recognition in different industries (literature, music, television programing, movies, visual arts, etc.).
- About Tetum, we can relate the following phenomena:
- A transitional phase from oral to written;
- The nature of incentive of its use besides the national feelings;
- Its domesticity (with a national presence), and its community cohesion function;
- The role of the *liana'in* - be it of orality and/or oral tradition;
- The clerical role of the Catholic Church in the promotion of the language – especially regarding expressiveness – which in exchange gives it a sense of ownership and authority (greater receptiveness) in the use of Tetum;
- The newness of aspects of its standardization (orthography, orthoepy, phonology, morphology, syntax, pragmatic, stylistics, among others).

When faced with these details, despite the success registered up to now, there are indications that a great disparity prevails between the two official languages, mainly when faced with the rigor of the requirements of the modern world.

While it is the main everyday communication tool in informal, sociocultural and religious community contexts, **(a)** Tetum does not have an established and generalized formal written tradition, **(b)** it falls short, still, of the terminologically technical nomenclature in various areas of knowledge, **(c)** it lacks a consensus on standards for the basis of different linguistic abilities so that teaching materials could effectively be developed and disseminated in the national education system, **(d)** it needs solid mechanisms for the expressive dissemination and adoption in the various aspects of public life.

Besides that, two distractive attitudes of some Timorese contend for the minimization of the local cultures – and, consequently, of the respective languages (including Tetum itself, in its role as a local language). The first distraction is the false idea that speaking a local language, such as the farmer from the countryside, illiterate and seen as a retrograde, can do little for the "improvement" of the social status of the individual. The second is the erroneous perception that if the speaker identifies with the rural and traditional countryside, it will incur in an incompatibility with modern times, and it distorts the image of the citizen who is emancipated or urban and... cosmopolitan. We are before a state of a minimalist perception or treatment of Tetum in relation to the official role it is attributed.

This state of things, instead of alerting for a quick repair, in a larger disseminative and consolidative scale of the official languages, has remained for some an opportunity to instill a dichotomic opposition between the partner languages. In this scenario, it is important to reconcile the visions and attitudes, and in a straightforward and transparent manner to give incentive to the appreciation of the local languages and cultures at the same time as the importance of the partnership between the two official languages of the country is affirmed, strongly investing in their promotion. Thus, urgent tasks would be:

- The promotion of the National Tetum, official, in strict partnership with Portuguese;
- The dissemination of Portuguese, national language[20], pillar of the national culture;
- Promotion of efficient mechanisms for the preservation of the local languages and cultures in their own *habitats*, as the basis for the national culture.

2. Linguistic parity

At first, it is important to verify the operative role of the two official languages of East Timor. Both are being intensely called upon for a wide variety of functions, each in its own rhythm, dominion, reach; each has gained more formal, bureaucratic, and ritualistic ground; together, the dissemination of Portuguese and Tetum clearly benefits from an increasingly better rate of receptiveness[21] by the society and the both public and private institutions –

20. Portuguese also played a role in the forging of the Timorese nation, setting in its population a distinctive characteristic before the neighboring peoples.
21. This refers to the reception and not to the political attitude that can be vulnerable, if diligent, but to the enculturation process that is independent of the cultural agent or actor having or not knowledge of the same process because of a certain neutrality with which it is faced.

strengthening the conviction of its centrality in the national expression of identity.

Among the many languages of the country, Tetum is also the preferred of the people, gradually but incessantly being edified from its reserved and elitist nature, as well as being the common resource in bilingual situations.

From the formal, legal-administrative, and socio-cultural viewpoint, as well as its application and expansibility to the national territorial extension, Portuguese is a consolidated constructor of the modern and common culture of the Timorese nation. Simultaneously, Tetum, because of its current territorial reach, birth, and popular predilection, integrates the linguistic package in nation's edifying task. The Tetum-Portuguese bilingualism, in other words, the official bilingualism, marks a natural recognition of a reality that has been growing since the first contact with the Portuguese people in 1512; today, a vibrant product of the Luso-Timorese cultural symbiotic process.

3. Recognition (positive and negative)

Some phenomena illustrate the recognition of the parity between Tetum and Portuguese. The first of these is the constitutional status of both languages, Tetum having experienced an ascension of status. In the country's current Constitution, both are consigned in article 13 as official – a co-officiality that represents the culmination of the recognition of the central role that both languages have taken for the cohesion, the feeling of national unity and identity of the Timorese society. The prohibition of the Portuguese language from the public domain during the Indonesian occupation[22] is yet another instance of negative confirmation of the role this language has in the lives and culture of the Timorese people.

In the last years of the fight for independence, the Papal exhortation to the Indonesia authorities, on his visit to Dili on October 12 of 1989, on respecting human rights, the culture, the religion, and the languages of the East Timor people, reinforced this recognition of the Timorese values, of which is partly made up by the distinctive nature of the Portuguese language.

22. Regarding this, see, for example: Hull, 2001; Forganes, 2002 and Brito, 2011 & 2013.

Without a doubt, the exhortation reconfirmed the Timorese consciousness about the Portuguese language being yet another pillar of its identity.

Currently, there is a tendency to sometimes *over-estimate* Tetum in opposition to Portuguese, in disregard to that parity constructed throughout centuries[23], something not experienced in other geographic spaces[24].

It should be noted that Tetum, while a national language, both in the sense of territorial coverage as well as activities as a means of daily expression – is neither the first nor the mother tongue of all Timorese children. For this reason, the introduction to Tetum in the initial schooling years is necessary in context of contact with the language. Besides that, Tetum – a language with an oral tradition, transiting to the rigors of the written norms – is not comparable to Portuguese and, because of this, both languages cannot be treated as interchangeable between themselves.

It is necessary, still, to distinguish between the national and the local Tetum. The national Tetum is a mother tongue for a growing number of Timorese, but it is still not so for every Timorese child; Tetum is also not identified as the native language of a particular region of the national territory. On the contrary, the local Tetum (originally spoken in Suai, Luca, Soibada, Hatuberlihu, Atabae) is the mother tongue, but it is only limited to its origin area as are Maçasse, Fataluco, Baiqueno, Tocodede, Búnaque, and other local languages. The same occurs with the regional varieties of each language known in the territory. The fact that the national Tetum is not universal and that the local Tetum has a restricted extension, both confluent in the strong oral tradition, induces the natural use of Portuguese, especially in basic education, creating a continuous reciprocity and supplementarity in favor of both.

Even if there were a desire to simplify the problem by adopting Tetum as the lowest common denominator of all languages spoken in the country,

---

23. Wigglesworth, 2016, p. 96-106.
24. The discussion persists in a context in which the (ethnic-) linguistic groups are colossally greater than those form East Timor, but, for that very reason, makes itself in complexity before the Timorese case. Other contexts, in which the theory never became, or only timidly did become, practice (having only a museum-like importance) are, for example, the agglomeration of neighboring countries similar to Indonesia, Papua-New Guinea, Australia (a country with a high density of immigrant communities).

assuming it as the ideal alternative in terms of cost-effectiveness, we would still need to address that which seems so obvious: the permeation and degree of hybridity that Portuguese has over the Timorese languages. In reality, children who speaks Tetum and any other local language in East Timor, already possesses in their repertoire, consciously or unconsciously, nomenclature relative to objects, spaces or concepts of their everyday life. In other words, the truth is that Portuguese is not (totally) strange to the linguistic repertoire of the child. And this is an indispensable fact for the linguistic didactic.

We must still consider: the local characteristics as delimitations to Tetum; the dominance of the local languages and their status as mother tongue in their geographic space; and, finally, the hierarchy of values deeply rooted in the history, culture and national consciousness.

Before this picture, a coherent and weighted attitude would consist in not losing the value of the Timorese cultural-linguistic building block that underlies all that process that concerns the local languages as well.

In order to illustrate this relation of supplementarity, reciprocity, integration and competitiveness of the official languages of East Timor, let us remember when the leader of the Resistance, Xanana Gusmão, read his defense (Gusmão, 1993) before the Indonesian judges in Dili in May 1993, and decided to do so in Portuguese, the language in which he invoked his dual nationality – Portuguese, in light of international rights, and the Timorese, in light of his own consciousness. He did not do so in Tetum, predicting that it would not help him much from the viewpoint of expressiveness in the international political od technical-legal expression, as well as linguistically. He had to build his defense in Portuguese in order to create a global impact of the manifestation of the identity and the uniqueness of his people, in contrast to the Indonesian powers.

Another example of the supplementary, integrating and reciprocal force between Tetum and Portuguese was when the Indonesians forced the abandonment of Portuguese and the adoption of the Indonesian language in official liturgy, and the local Church decided on Tetum (the national language which was deeply permeated with words from Portuguese) and maintaining Portuguese in the more intimate areas of ecclesiastical activity.

The Timorese society's narrative has been signaling the relevance of the Catholic faith and of the Portuguese language and elements of resistance, integrating into the Timorese cultural heritage. Throughout time, the Catholic church was a pioneer in the promotion of both languages for the propagation of the Christian faith and for the education and development of the citizenry. For this reason, religion and language have a historical binding, consolidated for the History of the Catholic Church in East Timor.[25] That is why we can understand the phenomenon of the courageous rosary prayer in Portuguese at the Santa Cruz cemetery, in Dili, by youth facing the guns of the Indonesian military, at the time of the massacre on November 12, 1991[26], 16 years into the occupation and "integration".

Today, other formal and decisive situations have been added for the solemn consolidation of that partnership: its constitutional status, more expressive use by leaders of the resistance, official names of identification of the State and its sovereign organs, the entrance of East Timor in the Community of Portuguese Language Countries, and the political weight of that association (its "common purpose" [27]being to make Portuguese an official language of the United Nations), judgements and deals written in Portuguese and Tetum, documents and historical archives on East Timor, among others.[28]

Therefore, a qualitative leap can be seen in Tetum as a direct consequence of its interaction and coexistence with Portuguese, which happens at various levels: enrichment of the phonological inventory of Tetum, borrowing of vocabulary and concepts, semantics and pragmatics, hybrid verbalization in sociocultural functions – *biversability*, or a linguistic "consanguinity" with sociocultural functions; for example, in the case of the organizing of marriage ceremonies, birthdays, baptisms, farewells, diverse receptions[29], etc. removing the Portuguese expressions from Tetum (the *lusismos*), in those contexts,

25. Carneiro, 2015, pp. 15-21.
26. Moreira, 2015, pp. 53-54; pp. 329-332.
27. Speech by the Portuguese Prime Minister, António da Costa, at the AG od the UN, September 20, 2017.
28. Amado, 2015, pp. 50-52.
29. Because of the great amount of vocabulary that has permeated Tetum, if, for example, all the words of Portuguese origin were prohibited from the repertoire of the organizers of a modern Timorese wedding, it would not be foreseeable for this wedding to be realized successfully – clothing, punctuality, attendance, etc.; in the worst-case scenario, the bride and groom might not be married due to the social and psycholinguistic chaos from the resulting restrictiveness.

could cause a collapse of the very activity because the habits were undertaken though language – the act corresponding to each expression would be giving up the practical content, nullifying it, regressing to a previous inexistent sate, which is impossible.

Indeed, the secular reality of the Tetum-Portuguese parity is of an unquestionable and indispensable cultural value, for it is singular and indispensable in the affirmation of identity of a modern East Timor citizen. Ultimately, the reality of linguistic parity makes up a valuable factor of differentiation before neighboring peoples, effectively contributing to the enrichment of the region in linguistic and cultural diversity.

References

Amado, L. (2015). Vizinhos, aliados e amigos. In Matos, A.T. & R. Carneiro (2015) *Timor-Leste e Portugal: cinco centúrias de relacionamento.* Centro de Estudos dos Povos e Culturas de Expressão Portuguesa (CEPCEP), Univ. Católica Portuguesa, Lisboa, Portugal (pp. 50-2).

Barbedo De Magalhães, A. (2015). Portugal e Timor-Leste: os anos críticos de 1960 a 1999. In: Matos, A.T. & R. Carneiro (2015) *Timor-Leste e Portugal: cinco centúrias de relacionamento.* Centro de Estudos dos Povos e Culturas de Expressão Portuguesa (CEPCEP), Univ. Católica Portuguesa, Lisboa, Portugal (pp. 351-5).

Brito, R.P. (2011). Papel do português em Timor-Leste. Celso Álvarez Cáccamo (coord.). Língua, desigualdade e formas de hegemonia. Monográfico em Agália. *Revista de Estudos na Cultura.* 104 (ref. 2011, publ. 2013). (pp. 79-99). Galiza: Agália.

_____. (2013). *Língua e identidade no universo da lusofonia. Aspectos de Timor-Leste e Moçambique.* São Paulo: Terracota.

Carneiro, R. (2015). Nota Introdutória. In: Matos, A.T. & R. Carneiro (2015) *Timor-Leste e Portugal: cinco centúrias de relacionamento.* Centro de Estudos dos Povos e Culturas de Expressão Portuguesa (CEPCEP), Univ. Católica Portuguesa, Lisboa, Portugal (pp. 15-21).

Corte-Real, B. de A. (2000). Social Order and Linguistic Symmetry: The Case of Mambai, Suru-Ainaro. In: *Studies in Languages and Cultures of East Timor*, vol.3, (p. 31-56); Kwik Kopy Printing, Macquarie Centre, NSW, Australia.

____ & Christine Cabasset & Frédéric Durant (Dir) (2014). *Timor-Leste Contemporain, l'emergence d'une nation*; IRASEK, Les Indes savantes; Bangkok, Thailande.

Corte-Real, B. de A. & Brito, R.P. de (2006). Aspectos da política linguística de Timor-Leste. Desvendando contracorrentes. In Sousa, H. e Martins, M.L. (Org.), *Comunicação e Lusofonia.* Porto: Campo das Letras, (pp. 123-131).

Figueiredo, F. A. (2015). Da descolonização inacabada ao limiar da independência. In; Matos, A.T. & R. Carneiro (2015) *Timor-Leste e Portugal: cinco centúrias de relacionamento.* Centro de Estudos dos Povos e Culturas de Expressão Portuguesa (CEPCEP), Univ. Católica Portuguesa, Lisboa, Portugal (pp. 280-2).

Forganes, R.. (2002). *Queimado queimado, mas agora nosso! Timor: das cinzas à liberdade*. São Paulo: Labortexto.

Gaspar, C. (2015). A democracia e a independência de Timor-Leste. In: Matos, A.T. & R. Carneiro (2015) *Timor-Leste e Portugal: cinco centúrias de relacionamento.* Centro de Estudos dos Povos e Culturas de Expressão Portuguesa (CEPCEP), Univ. Católica Portuguesa, Lisboa, Portugal (pp. 300-2).

Gomes, D. (2015). Timor-Leste e os desafios do século XXI – o Projeto Mar. In Matos, A.T. & R. Carneiro (2015) *Timor-Leste e Portugal: cinco centúrias de relacionamento.* Centro de Estudos dos Povos e Culturas de Expressão Portuguesa (CEPCEP), Univ. Católica Portuguesa, Lisboa, Portugal (pp. 391-5).

Gusmão, X. (1993). *A Traversty of Justice: Xanana's Defence.* East Timor Relief Association (ETRA).

Hull, G. (2001) *Timor Leste – Identidade, língua e política nacional.* Lisboa: Instituto Camões.

Hull, G. & Lance Eccles (2001) *Tetum Reference Grammar*; Instituto Nacional de Linguística, Universidade Nacional Timor Lorosa'e; Kwik Kopy Printing, Macquarie Centre, NSW, Australia.

Loureiro, R.M. (2015) Notícias de Timor nas fontes portuguesas dos séculos XVI e XVII. In Matos, A.T. & R. Carneiro (2015) *Timor-Leste e Portugal: cinco centúrias de relacionamento.* Centro de Estudos dos Povos e Culturas de Expressão Portuguesa (CEPCEP), Univ. Católica Portuguesa, Lisboa, Portugal (pp. 179-183).

Marques, R. (2015) A década mediática de Timor-Leste (1989-99), uma perspetiva do agendamento mediático. In: Matos, A.T. & R. Carneiro (2015) *Timor-Leste e Portugal: cinco centúrias de relacionamento.* Centro de Estudos dos Povos e Culturas de Expressão Portuguesa (CEPCEP), Univ. Católica Portuguesa, Lisboa, Portugal (pp. 326-7).

Moreira, A. (2015). Memória de Timor. In: Matos, A.T. & R. Carneiro (2015) *Timor-Leste e Portugal: cinco centúrias de relacionamento.* Centro de Estudos dos Povos e Culturas de Expressão Portuguesa (CEPCEP), Univ. Católica Portuguesa, Lisboa, Portugal (pp. 329-332).

Sampaio, J. (2015). A saga de Timor-Leste: breve revisitação de um percurso atribulado. In Matos, A.T. & R. Carneiro (2015) *Timor-Leste e Portugal: cinco centúrias de relacionamento.* Centro de Estudos dos Povos e Culturas de Expressão Portuguesa (CEPCEP), Univ. Católica Portuguesa, Lisboa, Portugal (pp. 31-2)

Santos Freitas, B. (2015). O processo do desenvolvimento da educação em Timor-Leste – visão retrospetiva e perspetivas futuras. In Matos, A.T. & R. Carneiro (2015) *Timor-Leste e Portugal: cinco centúrias de relacionamento.* Centro de Estudos dos Povos e Culturas de Expressão Portuguesa (CEPCEP), Univ. Católica Portuguesa, Lisboa, Portugal (pp.505-6).

Thomaz, L.F. (2002). *Babel Lorosa'e. O problema linguístico de Timor-Leste*. Lisboa: Instituto Camões.

Sousa, D. F.J. (2010). *Histórias da Resistência Timorense, Conselho Nacional da Resistência Timorense (CNRT) e Forum dos Licenciados Timorenses para o Referendo e Desenvolvimento de Timor Leste (FORSAREPETIL)*; Thessaurus Editora, Brasília, Brasil.

Ximenes Belo, Dom C.F. (2015). Lendas e narrativas da História da Igreja em Timor-Leste. In Matos, A.T. & R. Carneiro (2015) *Timor-Leste e Portugal: cinco centúrias de relacionamento.* Centro de Estudos dos Povos e Culturas de Expressão Portuguesa (CEPCEP), Univ. Católica Portuguesa, Lisboa, Portugal (pp 133-5).

Wigglesworth, A . (2016). *Activism and aid, young citizens' experience of development and democracy in Timor-Leste.* Monash University Publishing; Monash University; Victoria, Austrália.

6

BRAZIL AND EAST TIMOR: TEACHER EDUCATION PROGRAM AND THE TEACHING OF PORTUGUESE LANGUAGE[1]

Suzani Cassiani & Marcia V. Cavalcante

"We live dominated by a reductive and utilitarian perception that turns languages into a technical subject of linguistic competence. However, the languages we know - and even those we did not know we knew - are multiple and not always captured by the rationalist logic that dominates our consciousness[2]".

Mia Couto (2011)

Introduction

East Timor is one of the newest countries in the world, located in South Asia, close to Indonesia and Australia. It was a Portuguese colony (1515-1975) and, for this reason, it shares historical and cultural roots with Brazil. One of the aspects that strengthened the relations between these two countries was the officialization of the Portuguese language, as well as the Tetum language, which happened after the restoration of the independence through a popular referendum organized by the UN. This historical moment had the participation of the Brazilian Sérgio Vieira de Mello, who also played an important role in the transitory administration period (1999-2002), and a feeling of gratitude can be felt to this day by the Timorese people in relation to Brazil.

1. This chapter was supported by Coordenação de Aperfeiçoamento de Nível superior-Brazil (CAPES), code of financing 001.

2. Our translation.

The officialization of Portuguese language was an event of extreme importance, because during the Indonesian occupation (1975-1999), such language was forbidden to be taught in schools. During the occupation, the Indonesian language - or *Indonesian Bahasa* - was imposed as the only language of instruction[3]. Domination by language, one of the principles of Pancasila[4], according to Janning (2016) served to integrate Timor to Indonesia, involving the *Bahasa Indonesian* as an official language (symbol of the unity of the Indonesian people), as well as obligatory conversion of the population to one of the five official religions of the state (symbol of the diversity of the Indonesian people).

In the year 2000, that invasion resulted of only 5% of Portuguese speakers, according to a UNESCO survey (Cassiani & Linsingen, 2015). With the expulsion of Indonesia, including school teachers, East Timor needed teachers who could contribute to the implementation of the Portuguese language.

Following this path, after the restoration of independence (2002), Brazil established diplomatic relations with that country and then signed the Brazil-East Timor Basic Agreement on Technical Cooperation and Educational Cooperation.

One of the agreements signed two years later was based on DECREE Nº 5,274 from November 18, 2004, authorizing the sending of 50 Brazilian teachers, within the scope of a cooperation program executed by the Coordination for the Improvement of Higher Education Personnel (CAPES), jointly with the Ministry of Foreign Affairs and the Ministry of Education and Culture of Brazil. In this context, the Teacher Education Program in Portuguese Language (PQLP[5]) was established with the objective of: supporting actions

3. The way East Timorese use to refer to that language. Literally means Indonesian.
4. Created by Indonesian President Sukarno in 1949, Pancasila is highly nationalistic and has even influenced the country's religion. Sukarno's successor, General Suharto - who came to power with a coup in 1966 and remained there until 1998 - emphasized and honed Pancasila during his rule. The five inseparable principles, influenced by monotheism, socialism, and nationalism, were: belief in one God; fair and civilized humanity; unity of Indonesia; democracy guided by the wisdom of representatives; and social justice (Janning, 2016).
5. This acronym was kept in its original form, and it stands for the Portuguese title *"Programa de Qualificação de Docente e Ensino de Língua Portuguesa em Timor-Leste"*.

from the Ministry of Education and Culture within the context of East Timor's National Education, as well as promoting the training of teachers and the reintroduction of the Portuguese language.

Through the experience as members of the PQLP, the focus of this chapter is an approach based on reflections on the challenges, learning experiences and possibilities envisioned throughout these years and in different periods of action in this Program. Here, we set some questions which we will attempt to discuss throughout this text, as follows: what can we mention as contributions of the PQLP to the two countries? What is needed for a teacher who works in such complex and intercultural contexts of cooperation? How to produce and implement emancipatory practices that aim at the decolonization of knowledge?

Conditions of production of Portuguese Language Teaching and Teacher Education

With CAPES coordination, the development agency that carried out the payment of scholarships for Brazilian teachers in East Timor in 2005, the first PQLP team of teachers went to East Timor. This group implemented the "Teacher Education Program for Primary School Teachers in East Timor - PROFEP-Timor[6]". The program aimed at qualifying, at the intermediate level, the teaching of East Timorese teachers in the initial years of primary education. PROFEP-Timor was extended to the year 2010 and enabled about 150 teachers. One of the great challenges for this program was the adaptation of Brazilian materials to the Timorese context in a short period of time, since this adaptation required knowledge of the local reality. The solution was the integration between Brazilian and East Timorese teachers, a fact that made it possible to better contextualize didactic material, since Brazilians had little time in the country. The course was taught in Portuguese for teachers who, for several years, did not practice or study in that language. In this sense, besides the difficulty with Portuguese, they had to learn contents of the

6. PROFEP-TIMOR was based on the Teacher Education Program (PROFORMAÇÃO), created by the Secretariat of Distance Education of Brazil and consisted of a secondary-school level course, with qualification for teaching in the regular modality, carried out by the Ministry of Education (MEC) in partnership with states and municipalities. Here, the acronym was kept in Portuguese.

following areas: mathematics and logic; identity, society and culture; life and nature; organization of pedagogical work; languages and codes; foundations of education. There were many difficulties at the beginning of Portuguese teaching to non-speakers of this language.

The same problem with the Portuguese language was noticed in other courses implemented by the PQLP, such as the Emergency Bachelor's Degree - the Secondary Education Teacher Education Program (PROCAPES[7]), taught at the National Institute of Vocational and Continuing Education (INFPC[8]). The program that took place from 2004 to 2010 was aimed at enabling the Timorese teacher to work at a secondary-school level in the disciplines of the natural sciences and mathematics. The group also worked on the preparation of textbooks for Secondary Education in the areas of Biology, Physics, Chemistry and Mathematics and, in some years, History and Geography.

In 2008, in order to meet the Timorese demand in relation to the reintroduction of Portuguese in various governmental instances, the PQLP also started to work with another front - the Teaching of the Portuguese Instrumental Language (ELPI[9]), which aimed to offer theoretical knowledge and communicative practice in the acquisition of Portuguese to teachers, administrative staff, technicians and leaders of the National University Timor Lorosa'e (UNTL) and the Ministry of Education (and later the other ministries). It is important to note that many of the students had little or no proficiency in the Portuguese language.

In that same year, the PQLP also implemented the first *lato sensu* graduate course in Education in the country, attending in the first moment mainly teachers of the UNTL and the Ministry of Education. These professionals subsequently became fundamental partners on several other fronts of the Program, both at the university and in other educational instances in which PQLP began to act in the following years. The group has also collaborated in teaching disciplines and supervising monographs in the undergraduate courses of the Faculty of Education Sciences and in the Specialization Course from PG-UNTL at the National University of Timor Lorosa'e.

---

7. This acronym was kept in its original form, and it stands for the Portuguese title *"Programa de de Capacitação de Professores do Ensino Secundário"*.
8. From the Portuguese *"Instituto Nacional de Formação Profissional e Contínua"*
9. From the Portuguese "Ensino da Língua Portuguesa Instrumental".

The diversity of the new demands presented by the Timorese government even required that the PQLP should rethink the profile of Brazilian teachers to act in that context. Thus, in 2009, the Federal University of Santa Catarina (UFSC) started to support the program, selecting teachers from the graduate programs in Education and Scientific and Technological Education to act as coordinators and advisors in the program[10]. As mentioned earlier, since 2005, this task was coordinated by CAPES, a development agency that paid the scholarships to the cooperating teachers.

Many of these actions have been recorded during these last years of the Agreemen[t11]. The purpose of these registries was to leave a legacy, so that our mistakes and successes could work as contributions to the next teams, besides publicizing the work of international cooperation between these two countries (Timor-Brazil) which, in addition to the Portuguese language, also share diverse cultural aspects.

In the table below, we bring some actions developed by the PQLP cooperating group, as well as the number of Timorese who were attended from 2014 to 2015:

Table 1 – Overall view of attendance from 2014 to 2015

ACTIVITIES	ATTENDANCE			
	2014	2015	2016[11]	Total
Initial and continuing teacher education	228	180	37	445
Promotion of Portuguese Language teaching	459	349	-	808
Support to Higher Education	3.762	2.841	408	7.011
Promotion of cultural linguistic aspects	308	1.140	-	1.448
Grand total	4.757	4.510	445	9.712

Source: Extracted from the Annual Report of the PQLP of 2016. Available at: <www.pqlp.pro.br>.

About the pioneer phase, several problems were raised. From crises that crossed Timorese politics, generating a lack of organizational strategies, to issues related to the structure and organization of the PQLP. In this initial

10. The first coordinators were the professors Irlan von Linsingen, Suzani Cassiani and Vânia Beatriz Monteiro da Silva.
11. For example, the organization of a website (www.pqlp.pro.br) that brings reports, productions, organized events, interviews, among other actions.
12. This survey reports only three months of work developed by the cooperators, because they returned to Brazil on March, 2016.

phase under UFSC's management, some important questions guided the work of the program:

- What kind of qualification should Brazilian workers have to work in a multicultural and plurilingual context such as the East Timorese?
- What challenges do the Brazilian cooperators face in teaching the Portuguese language, science and technology in Timorese territory?
- What are the challenges for both of them regarding the teaching of the Portuguese language to the detriment of local languages and languages considered by the Timorese Constitution as working languages (English and Bahasa Indonesian)?
- How can the work of Brazilian cooperation contribute to Timorese education?

With the support from CAPES and sufficient autonomy to prepare guidelines to select cooperators with an adequate profile, UFSC coordinators were able to organize: pre-departure preparation meetings held in Brasilia, with the participation of former cooperators sharing their experiences in the program, meetings in Timorese soil and monitoring of the work of cooperators, via digital technologies, throughout the year. In the last years of the agreement, and after much learning, several pieces of research were carried out[13] (Cassiani, Pereira & Linsingen, 2016, Cassiani et. Al., 2016). Based on semiannual reports presented by Brazilian professors and observations in loco, we concluded that many results were significant in comparison to previous years, noticed not only by the increasing numbers of attendance and visibility the program gained in the Timorese institutions, such as the National University of Timor Lorosa'e and the Ministry of Education (ME)[14] itself, but also for the learning experiences of Brazilians while rethinking the Timorese problems.

---

13. Regarding the research from Higher Education Institutions in the area of Language and East Timor, check Ramos, Ferre & Cavalcante, 2016. Retrieved on September 10, 2017: http://pqlp.pro.br/wp-content/uploads /2016/01/actas-da-1%C2%AA-conferenci-ppgp-untl.pdnses.
14. One indication of this progress is the request for a new cooperation agreement in 2014, demanding twice as many teachers, or 100 Brazilians to work in the country. However, due to changes in Brazilian policy in that period, a new cooperation agreement between the two countries has not yet been signed, unfortunately there is no prediction of when the PQLP will continue.

According to the PQLP Report of 2013, the program was established at the university level in terms of teaching and co-teaching in Higher Education. With this open space, the creation of research and study groups, graduate support and the organization of academic and cultural events were provided, for example, the 1st Symposium on Education and Culture held in 2012. These events, first organized by Brazilians, have generated others which gathered Timorese teachers[15] who, later, began to organize their own academic events.

Advancing in problematization and theoretical framework

Despite the perception of the better development of the Program, other disquieting topics continued to permeate the various PQLP fronts, while other challenges surfaced. Among the themes we have studied over the years, searching for new ways to improve our international cooperation, we highlight the following goals: 1) rethink the teaching *of* or *in* Portuguese to non-speakers or elementary speakers of Portuguese, future teachers or teachers who need qualification in a language they do not master; 2) to rethink the effects of coloniality and the transnationalization of curricula, which imposed a certain form of coloniality of knowledge and power.

In our studies, we infer that, in some respects, international co-operations end up paralyzing a vertical, Eurocentric monologue, in which the everyday life and local knowledge are silenced (Pereira, Cassiani & Linsigen, 2015). The result may be teaching with an emphasis on the neutrality of knowledge, difficulties in reading materials, silencing problems and local knowledge, not providing an overcoming of illiteracy and deepening subalternities and other effects of globalization.

In order for the PQLP to act in an opposite way to this line, several actions were implemented. One that seemed to us to be important was the formation of study groups among the Brazilian cooperators, which were built in weekly pedagogical meetings aimed at planning the actions. Such meetings provided opportunities for reflection based on analyzes and discussions of Timorese authors or of foreigners who had already worked in that context, including the learning of the Tetum Language.

---

15. Retrieved on April 30, 2017 from http://pqlp.pro.br/wp-content/uploads/2015/05/Relat%C3%B3rio-Anual-de-ATIVidades_PQLP_2013.pdf

Another action was the promotion of a series of lectures for Brazilian teachers, taught by Timorese scholars and Brazilian visiting scholars in East Timor. This second action sometimes consolidated the discussions that emerged in the first action, or generated new discussions that questioned or affirmed some common practices in the PQLP. These practices, therefore, are consistent with Freire's understanding of what he calls *authentic help*:

> [...] that all who are involved help each other mutually, growing together in the common effort to understand the reality which they seek to transform. Only through such praxis – in which those who help and those who are being helped help each other simultaneously – can the act of helping become free from the distortion in which the helper dominates the helped[16] (1978, p. 15).

In order to deepen this authentic help, without falling into the trappings of assistance, we analyzed didactic material produced both by Portugal and Brazil (Cassiani, 2017) and found out some effects of coloniality present in such materials, extolling a racialized, hegemonic perspective, often reducing peoples into binary categories: primitive x civilized, magical x scientific, late x modern. We understand that these visions departed from the theoretical and methodological principles of the PQLP, and in making such problems explicit we could move forward in those international cooperations.

Some theoretical references have contributed to rethinking this issue, which we refer to as coloniality (Mignolo, 2003; Castro-Goméz, 2007, Quijano, 2010, Santos, 2010; Walsh, 2014). This has to do not only with a colonial invasion in Latin America or East Timor in past centuries, but also with current issues that have led to a non-coercive domination of the most powerful countries. Studies of colonialism point out that in these processes, being attentive is paramount, since it is possible to have a loss of cultural identity of those who are inferior, rationalized, subalternized, dehumanized, causing low self-esteem, dependence, and lack of belonging. These issues contribute to reflect and discuss a construction of decolonial teaching practices, deepening the impacts of the transnationalization of curricula.

In this last concept, we have analyzed how the implementation of exogenous curricula occurs in countries such as East Timor, conducted by

---

16. Translation as cited by Hooks, B. (1994) *Teaching to transgress*, New York and London: Routledge.

international cooperation, including the preparation of didactic materials[17]. Such task is usually done by foreigners who have no experience in the country and, therefore, often ignore local realities especially with regard to language issues. In addition, they present science as a universal, neutral, Eurocentric, "discovered" knowledge by genius white men.

There are already study and research groups at the National University of Timor Lorosa'e where Brazilians and Timorese have explained these problems and deepened aspects of decolonial pedagogy. This rethinking favors discussions with future science teachers about which science and technology should be taught, encouraging greater criticality and contextuality, but without neglecting the manuals, which are so rare in East Timor.

In agreement with Catherine Walsh (2014, p. 12): "Science is one of the central foundations of the modernity/coloniality project which has made a vital contribution to the establishment and maintenance of the hierarchical racial order in which whites and especially white European men remain at the top[18]".

In order to understand these processes, based on the experiences in East Timor, we talked to the volunteers about what it would take to work in such complex contexts and realized that to be a critical intercultural teacher one must seek understanding in three dimensions:

1. Understand the geopolitics of these actions and understand their role as representative of their country in international cooperation, overcoming the simplistic idea of humanitarian aid;
2. Have openness in ways of thinking and being able to live in a new culture, respecting the place without wanting to change the reality in which it is inserted. Words such as cooperation, dialogue, otherness, humility, common sense, attentive listening, respect for differences, sensitivity, study, should not be phrases but should be lived, incorporated and constantly self-checked;

17. The Ministry of Education of East Timor has ordered teaching manuals for Secondary Education to a team of professors from the University of Aveiro in Portugal since 2012. Such material has attracted criticism regarding its deficiency in relation to the contextualization and level of complexity of some texts and questions proposed.
18. Our translation.

3. Reinvent teaching practices to articulate local knowledge. Emphasize the dialogue of knowledge and provide new intervention practices.

Our learning in East Timor was comprehensive not only in academic terms, but also in cultural and relational aspects. With the experience of teachers from several Brazilian regions, for more than a decade in that country, it was also possible to significantly increase the number of educational research carried out in Brazilian institutions related to East Timor. In addition, the arrival of East Timorese students to undergraduate and graduate studies in Brazil established new academic and cultural links and expanded the possibilities of university exchanges that so much benefits these sister countries[19]. It is important to emphasize here that there is a good receptivity regarding the presence of Brazilians in the country, as well as the learning of the Portuguese language with Brazilian teachers.

Portuguese Language Teaching in East Timor and the PQLP

Currently, about 30% of the Timorese population speak Portuguese. The process of reintroduction of this language, besides the Brazilian cooperation, also counted on Portuguese cooperation, despite the specific norms of Portuguese in each country. Considering these differences for a language teaching in that context, one of the first questioning of the PQLP faculty team was related to which variant to teach. After numerous discussions, we advocated a teaching that would not choose either the Portuguese variant or the Brazilian variant, but, differently, we would choose to consider the divergences between the two variants, so that this could be taken into account in the process of contribution to a future description of the Timorese Portuguese standard, since although there is little material already published in this regard, it is important to emphasize the need to be sensitive to the specificities that exist in that context.

We know that, as Brito and Martins (2004, p.10) states, "the Portuguese language knows and builds its own history - and therefore is far from being treated as a uniform language[20]". Therefore, in order to contribute horizontally

19. *The younger brother* and *the older brother* - it is common to hear the Timorese say that Brazil is their brother, referring to the fact that we had the same colonizer and *older brother* due to the fact that the independence of Brazil happened prior to East Timor's.
20. Our translation.

to the expansion of the Portuguese language in that country, and not to impose neither the Portuguese standard of Brazil nor the Portuguese standard of Portugal or any other Portuguese-speaking community, it is necessary to understand that language is the patrimony of those who speak it, as the Portuguese essayist states: "a language has no other subject than those who speak it. No one is its 'owner', for it is not an object, but every speaker is its guardian " [...] a nation does not own its language[21]" (LOURENÇO, 2001 pp. 123 and 189).

Therefore, not even Portugal, being the country where this language is spoken for the longest time, and also the country that disseminated this language in its old colonies and in the world, cannot in any way, be understood as the "owner" of the Portuguese language, nor Brazil, the country with the largest number of speakers, can be considered as such. On the contrary, all the communities that make use of it also have Portuguese as part of their patrimony, mainly because the Portuguese spoken in each of these communities has its own characteristics, which need to be recognized, respected and valued.

The diversity of the Portuguese language in the countries that speak this language is a very rich and important aspect with regard to the identity of the nation. However, in the case of East Timor, there is a pressing need to describe and value East Timorese Portuguese, especially as it is a country with few years of independence and official language, and which is at a very important stage for affirmation of their identity.

A fundamental aspect for the constitution of the Portuguese norm of each country that speak this language is the description of its lexicon, both common to different countries, as well the specific lexicon of each one of them. In the Timorese case, even those who do not speak Portuguese, speak Tetum usually using numerous words of that language, since in their lexical field Tetum has mainly Portuguese language loans. Thus, a foreign teacher who teaches Portuguese in that context must have at least basic notions of Tetum. For Cavalcante (2013, p.98) "[...] understanding the structure of the Tetum language can point out ways for the methodology to be used when teaching Portuguese, since some difficulties in learning this language are due precisely to the structural differences between the two languages[22]".

21. Our translation.
22. Our translation

One of the PQLP actions in the period between 2013-2014 was the realization of partnerships with Timorese institutions that taught Tetum course, which as a counterpart to the teaching of Portuguese, began to offer Tetum course for Brazilian teachers. However, for various reasons, there was no continuity of this action, in our view of extreme importance.

The articulation between the Tetum language and the Portuguese language, between aspects of the Brazilian culture and the Timorese culture, was a factor that contributed positively for the PQLP to improve its performance in the development of a relation between language teaching practices and the Portuguese language in a contextualized way.

When we talk about teaching *in* Portuguese language, we are looking at the fact that the Program, as we have already said, also worked in the teaching of various fields of knowledge in UNTL, using Portuguese. We can highlight here the process of disciplines of Natural Sciences, in degrees of Physics, Chemistry, Biology and Mathematics for teacher education, using the Portuguese language.

Final Remarks

The result of this acquaintanceship between East Timor and Brazil, in all these years, is very fruitful. The actions developed under the PQLP, in partnership with the UNTL, were relevant to highlight the need and importance of research in East Timor, mainly in the area of teacher training and Portuguese language teaching, carried out in partnership between Brazilians and East Timorese. It was also possible to identify that the academic events, organized initially by the PQLP, contributed to the fact that several Timorese researchers, who had completed a master's and doctoral program, disseminated their research in the academic field, which resulted in a greater visibility of the scientific works that, for some time, were being carried out, but not always spread. These researchers are the protagonists of the events that currently occur regularly at UNTL.

As we have already said, these actions have led us to study post-colonial theories and transnationalisation of the curriculum, among others, strengthening research groups from both countries and co-constructing knowledge. We understand that international cooperation is important for East Timor, but cannot be based solely on the transmission of Eurocentric legitimacy and dominant content without regard to local reality.

Among the objectives we have set ourselves, it is clear that the interventions in the two countries have greatly strengthened the relations of this international cooperation, promoting other programs. Among these are scholarships distributed by the East Timor Ministry of Education, in which Timorese students have graduated, master's and doctorate degrees from Brazilian universities, as well as other programs of our development agencies such as CAPES Pro-Mobility International, designed from the Association of Portuguese Language Universities (AULP[23]). We realize that this dialogue has essentially contributed to the exchange of knowledge at different levels, both in the education of undergraduates of the two countries, and in the interaction with teachers involved in these projects.

The results go beyond what we had anticipated, for example, the International Pro-Mobility Project linked to the AULP which is bringing us several fronts:

- ❖ Implementation of research and study groups for theoretical deepening;
- ❖ Concerns with alternative methodologies to traditional teaching: field lessons, music, visits, experimentation;
- ❖ Organization and promotion of events / symposium at UNTL;
- ❖ Organization and implementation of Workshops and Minicourses for UNTL students;
- ❖ Organization and promotion of round tables;
- ❖ Promotion of collaborative research among UNTL and UFSC professors.

In this sense, the work with the Brazilian cooperators who went to East Timor to work in teacher training and teach Portuguese language refers to the impact and importance of these international cooperation in terms of South-South relations, in the context of the internationalization processes of Institutions of Higher Education in Brazil.

The bond created in this coexistence with the PQLP also promoted other developments such as funded projects, as the aforementioned Pro-Mobility, besides individual projects - both Brazilian and East Timorese – related to dissertations and theses. At UFSC, to date, at least 14 Brazilian and East Timorese students have developed or are dedicated to studies on Education in

23. From the Portuguese "Associação das Universidades de Língua Portuguesa".

East Timor, together with the Graduate Program in Scientific and Technological Education from UFSC. Their work involves reflections on the PQLP; the training of science teachers in the Portuguese language in East Timor; the weaving of *tais* (a kind of Timorese artisanal fabric) and its implications for school mathematics education; the co-teaching at the National University of Timor Lorosa'e; the reform of Education in Timor-Leste, among others.

Another factor that catches our attention is the large number of research carried out on the East Timor issue. In a quick search on CAPES theses and dissertations website, we reached a total of 137 pieces of research, starting in 2002, when the cooperation agreements between the two countries began. Many of these surveys were carried out by the Timorese who came to study in Brazil. On the other hand, many are teachers, former PQLP cooperators, at master's and doctoral level, mainly in the area of education and languages. This reveals how much the two countries have learned in a dialogue of knowledge, a fundamental aspect for South-South cooperation and solidarity internationalism among developing countries.

References

Brito, R. H. P. de. e Martins M. (2004). *Considerações em torno da relação entre línguas e pertença identitária em contexto lusófono.* Anuário Internacional de Comunicação lusófona, n 2. Pp. 69-77. Lusocom - Federação Lusófona de Ciências da Comunicação. São Paulo.

Cassiani, S.; Pereira, P. B.; Janning, D. P.; Barbosa, A. T.; Soares Neto, F.F.; Cunha, F.S.R.; Linsingen, I.v. (2016). Alguns estudos sobre a cooperação educacional em Timor Leste: foco na educação em ciências e tecnologias. *Revista da Sociedade Brasileira para o Ensino de Biologia*, n 9. Recuperado em 15 de agosto, 2017 de http://www.sbenbio.org.br/wordpress/wp-content/uploads/renbio-9/pdfs/2525.pdf

Cassiani, S.; Pereira, P. B.; Linsingen, I. (2016). (Pre)textos para pensar a cooperação educacional em Timor-Leste: algumas referências para o internacionalismo solidário. *Revista Perspectiva, v34, n.2.* Florianópolis. Recuperado em 15 de agosto, 2017 de https://periodicos.ufsc.br/index.php/perspectiva/article/view/2175-795X.2016v34n2p390/32764

Cassiani, S. & Linsingen, I. (2015). Desafios e possibilidades na implementação da Língua Portuguesa. *Jornal Matadalan Online*, Díli, Timor-Leste. Acessado em http://pqlp.pro.br/wp-content/uploads/2015/02/matadalan-127.pdf

Castro-Gómez, S. & Ramón Grosfogel. (2007). *El giro decolonial Refl exiones para una diversidad epistémica más allá del capitalismo Global.* Panamericana Formas e Impresos S.A. Bogotá.

Cavalcante, M. V. (2013). *Ensino de língua portuguesa para professores da Pré-Escola: uma experiência em Timor-Leste.* Universidade Presbiteriana Mackenzie, São Paulo. Dissertação de Mestrado.

Dale, R. (2004). Globalização e Educação: Demonstrando a Existência de uma "Cultura Educacional Mundial Comum" ou Localizando uma "Agenda Globalmente Estruturada para a Educação?". *Educação e Sociedade*, Campinas, SP, v. 25, n.87, pp. 423-460, maio/ago.

Freire, P. (1978). *Cartas à Guiné-Bissau: registro de uma experiência em processo.* Rio de Janeiro: Paz e terra.

Janning, D. P. (2016). A codocência em ciências da natureza na Universidade Nacional Timor Lorosa'e: reflexões sobre colonialidade na formação de professores. 164f. Dissertação (Mestrado em Educação Científica e Tecnológica) - Programa de Pós-Graduação em Educação Científica e Tecnológica: UFSC, Florianópolis.

Lourenço, E. (2001). *A Nau de Ícaro.* São Paulo: Cia das Letras.

Mignolo, W. D. (2003). *Histórias locais/Projetos globais.* Belo Horizonte: Editora da UFMG.

Pereira, P.B. (2014). *O Programa de Qualificação de Docentes e Ensino de Língua Portuguesa no Timor-Leste (PQLP): um olhar para o ensino de ciências naturais.* 305f. Tese (Doutorado em Educação Científica e Tecnológica) – Programa de Pós-Graduação em Educação Científica e Tecnológica: UFSC, Florianópolis.

Pereira Cassiani, & Linsingen (2015). International educational cooperation, coloniality and emancipation: the Program Teacher Qualification and Portuguese Language Teaching in East Timor and the teacher education. *Revista Brasileira de Pós-Graduação*, Brasília, v. 12, n. 27, p. 193 - 218, abril.

Quijano, A. (2010). Colonialidade do poder e classificação social. In: SANTOS, B. S.; Meneses, M. P. (Orgs.) *Epistemologias do Sul.* São Paulo: Cortez Editora, 637p.

Ramos, A. Ferre L. & Cavalcante, M.V. (2016). *Panorama de produção científico-académicas em linguística e literatura sobre Timor-Leste contribuições brasileiras.* Recuperado em 15 de agosto, 2017 de http://pqlp.pro.br/wp-content/uploads/2016/01/actas-da-1%C2%AA-conferenci-ppgp-untl.pd

Santos, B.S., & Meneses, P. (2010). *Epistemologias do Sul.* São Paulo: Cortez Editora, 637p.

Silva, S. M. A. da. (1885). *Catecismo da Doutrina Cristã em Tétum.* Macau: Tipografia do Seminário.

Walsh, C. (2009). Interculturalidad Crítica y Pedagogía De-Colonial: Apuestas (Des) De El In-Surgir, Re-Existir Y Re-Vivir, *em Educación Intercultural en América Latina: memorias, horizontes históricos y diyuntivas políticas.* Patrícia Melgarejo (comp). México: Universidad Pedagógica Nacional –CONACIT, ed. Plaza y Valdés.

7

GRADUAÇÃO EM LÍNGUA PORTUGUESA NO EGITO[1]

Maged T. M. A. Elgebaly[2]

"...caminhante, não há caminho, se faz caminho ao andar..."
Antonio Machado

Introdução

Entre os falantes de árabe e os de língua portuguesa há relações históricas. Os árabes chegaram à Península Ibérica no ano de 711 d.C. e cabe lembrar que, na Era dos Descobrimentos (1415-1543), as primeiras navegações portuguesas partiram do Algarve, ou Oeste de Al-Andaluz, região dominada pelos árabes por séculos e por onde circulavam os povos do Mediterrâneo. Tais vínculos históricos, além das várias levas de imigrantes árabes a Países Falantes de Língua Portuguesa, levaram-me a pensar na relevância do ensino da língua portuguesa no Egito.

1. Este artigo é uma ampliação de uma primeira versão publicada sob o título "Apontamentos sobre o ensino de literaturas de língua portuguesa no Egito", nos Cadernos do CNLF *Ensino de Língua e Literatura* , vol. XX, nº3, no II Congresso Internacional de Linguística e Filologia (CILF), do Círculo Fluminense de Filologia e Linguística (CiFEFiL) na Universidade Veiga de Almeidas (UVA), 2016, Rio de Janeiro, diponível em http://www.filologia.org.br/xx_cnlf/cnlf/cnlf_03/005.pdf
2. Prof. Dr. Maged Elgebaly: Coordenador do Departamento de Língua Portuguesa na Aswan University, Egito. Doutor em Estudos Comparados de Literaturas de Língua Portuguesa pela Universidade de São Paulo (2012), doutor em Língua Espanhola pela Ain Shams University (2011), mestre em Linguística pelo Instituto Caro y Cuervo (2005) e bacharel em Letras- Ain Shams University (1999).Tem experiência na área de ensino da língua Portuguesa e suas letras.

Após ter concluído meus estudos de doutoramento em literaturas de língua portuguesa na Universidade de São Paulo, retornei ao Egito, minha terra, em 2013. No ano seguinte, apresentei à Aswan University o projeto de abertura de curso de graduação em Língua Portuguesa com o intuito de formar egípcios com habilitação nessa língua e suas letras. Escrevi o projeto considerando os parâmetros curriculares do ensino de línguas no Egito, no Brasil, em Portugal, em Angola e em Moçambique.

Até o fim do ano letivo (2017/2018), o Departamento de Língua Portuguesa tinha 31 estudantes: 2 alunas e 2 alunos no primeiro ano, 7 alunas no segundo ano, 9 alunas e 3 alunos no terceiro ano e 8 alunas no quarto ano. O curso tem duração de quatro anos letivos, 8 semestres ao final dos quais os estudantes obterão o título de Bacharel em Língua Portuguesa e suas letras. As motivações de matrícula dos estudantes egípcios no DLP variam entre as *instrumentais* orientadas para o trabalho e as *integrativas* por gostarem de uma ou várias manifestações culturais da língua portuguesa (Gardner, 2007).

Para acompanhar as novas dinâmicas cibernéticas dos nossos estudantes, criamos o Grupo do Departamento de Língua Portuguesa da Aswan University[3] no Facebook e no Whatsapp. As interações do grupo do Facebook são bastante dinâmicas e permitem ações como: filiar-se a outros grupos interessados na divulgação da língua portuguesa e suas letras, agendar atividades dentro e fora do grupo, divulgar eventos, fazer novas amizades, bater papo com professores e amigos dos países onde se fala língua portuguesa, compartilhar materiais, vídeos e fotos e fazer comentários. Assim, o grupo do Departamento cria hoje um espaço de diálogo entre várias culturas.

Apesar dos grandes interesses comerciais existentes entre o Egito e os Países Falantes de Língua Portuguesa (CPLP), a criação do curso de graduação em língua portuguesa foi uma missão que enfrentou certos discursos que atrapalhavam a iniciativa, tais como:

"A língua portuguesa é uma segunda língua subordinada ao departamento de língua espanhola".

Essa situação deriva da falsa crença popular de que a língua portuguesa é um dialeto da língua espanhola.

3. https://www.facebook.com/groups/494171350726055/?fref=ts

"A língua inglesa é suficiente para a comunicação entre os árabes e a Comunidade dos Países Falantes de Língua Portuguesa".

Durante o processo de abertura do departamento em Aswan, resistimos a esses discursos destacando a relevância dessa língua internacional na atual conjuntura mundial e a necessidade de cultivar seu ensino para melhor comunicação entre os Países Árabes e a CPLP. Também defendemos que nos países da CPLP, a maioria da população não domina a língua inglesa e essa língua aparece como um filtro que não transmite de modo natural as memórias culturais dos falantes de língua portuguesa.

A experiência de ensino da língua portuguesa

O ensino da língua portuguesa no DLP é construído por uma experiência dinâmica de caráter reflexivo, interativo e criativo. Na grade curricular, o ensino se dá por meio das seguintes disciplinas:

1. **Compreensão e produção oral:** onde se ensina fonética, fonologia e pragmática da língua portuguesa (escuta de músicas, entrevistas e documentários e oficinas de conversação em língua portuguesa). Seguindo os pressupostos pedagógicos de Paulo Freire, desenvolvemos as capacidades necessárias para as interações orais. Para isso, elaboramos aulas do sistema fonético da língua portuguesa adaptadas para falantes de árabe, incluindo exercícios de pronúnica na leitura de textos e escuta de algumas músicas para completar os sons que faltam na escrita da letra da música. Os alunos enfrentam problemas na aprendizagem do sistema fonológico da língua portuguesa. No treinamento da pronúncia das consoantes do português, os estudantes árabes tendem a não distinguir o *b* do *p*. Ambos são fonemas de mesmo ponto e modo de articulação, mas o *p* não faz parte do sistema fonológico da língua árabe. Exemplos de erros dos alunos são: *núpio* no lugar de *núbio* ou *combrar* no lugar de *comprar*. Por isso, recorremos a exercícios com os pares mínimos. No estudo das vogais, foram constatados problemas na distinção entre as vogais abertas e fechadas e na pronúncia dos sons nasais, ausentes também na língua árabe. Contribuem para esses problemas interferências da língua inglesa e francesa. Na avaliação dessa disciplina, procuramos seguir os critérios das provas orais dos exames de proficiência Celpe-Bras e PLE.

2. **Estudos linguísticos e gramaticais em língua portuguesa:** ensinamos nessa disciplina as normas gramaticais da língua portuguesa (morfologia e morfossintaxe). Nessas aulas, utilizamos como material de apoio o livro *Falar, Ler, Escrever* de Emma Eberlein e Samira Iunes, que se adequa ao modo de aprendizagem com o qual está acostumado o aluno egípcio por ser estrutural comunicativo. O livro é complementado com outras gramáticas. Esses manuais gramaticais são complementados com atividades reflexivas nas tarefas interativas na sala de aula com materiais autênticos. Avaliamos o conhecimento linguístico por meio de tarefas que incentivam os estudantes a colocar em prática as normas gramaticais em situações sociais concretas. Morfologicamente, os alunos apresentaram problemas na aprendizagem do gênero das palavras, especialmente as terminadas em *-e, -gem,* ou em ditongo nasal. Como no ensino da fonética, nem todos os problemas têm a ver com a interferência da língua materna (o árabe), mas ocorreram também problemas com a interferência da língua estrangeira inglês. O inglês interfere na posição de adjetivo antes do substantivo, então casos como *Aswan é bonita cidade* foram frequentes, por exemplo.
3. **Leitura e interpretação de textos**: nessa disciplina se ensina a leitura em língua portuguesa (poemas, músicas, narrativas, notícias, crônicas, contos, romances e filmes, novelas, peças de teatro, artigos, ensaios, dissertações e teses). No nível semântico, há problemas nas primeiras aulas de leitura e tradução do português ao árabe devido ao fato dos estudantes terem desenvolvido na sua educação fundamental e secundária uma mentalidade monossêmica, na qual uma forma tem um significado só e um significado tem uma só forma de expressá-lo. Durante as oficinas de leitura, mostramos como um significado pode ser expresso por variadas formas e como uma forma pode ter variados sentidos dependendo do contexto e da situação comunicativa. Assim, passamos gradativamente de uma mentalidade monossêmica a uma mentalidade polissêmica na interpretação dos textos. A avaliação de interpretação dos textos foca nas habilidades gerais de compreensão textual como a identificação do tema e a conexão entre as ideias. A partir do segundo ano do curso, a avaliação tem uma parte que foca na compreensão de um gênero literário como poema, a narrativa e o drama e os conecta a outras linguagens da arte. A avaliação de interpretação

dos textos foca nas habilidades gerais de compreensão textual como a identificação do tema e a conexão entre as ideias. No terceiro ano, por meio dos exercícios do livro *Via Brasil*, começamos a ensinar os processos de formação de palavras em língua portuguesa, usando como referência o livro *Estruturas morfológicas da língua portuguesa* de Luiz Carlos de Assis Rocha.

4. **Redação em língua portuguesa:** nessa disciplina se ensina a produção de textos por meio de oficinas de escrita de diferentes gêneros textuais, como artigos, ensaios, currículo vitae, carta de apresentação, e fazemos a correção dessas produções de modo coletivo na sala de aula. Essa disciplina se encontra orientada pelas propostas de Luiz Antonio Marcuschi (2008). Nesse processo de redação, é interessante como o estudante vai aprendendo a diferenciar entre os usos orais e os escritos na sua própria língua mãe, o árabe, antes de transferir o aprendizado dessa diferenciação ao uso da língua portuguesa.
5. **Tradução do português ao árabe e do árabe ao português***:* disciplina na qual se ensina a transferência de diferentes textos de uma língua para outra. Inicialmente, o estudante aprende noções da linguística contrastiva entre a língua árabe e a língua portuguesa como a ordem da oração em árabe (Verbo+Sujeito) e em português (Sujeito+Verbo). Depois, aprendemos o uso dos diferentes dicionários de língua portuguesa e da língua árabe. Depois, passamos a ensinar técnicas de tradução de textos de diferentes domínios sociais e terminológicos, saberes e noções relativas a esses domínios.
6. **Metodologia de pesquisa em língua portuguesa e suas letras**: abordamos problemas linguísticos, literários e de tradução, propostos pelos alunos a partir de uma ótica comparativista, intercultural e interdiciplinar. Também aplicamos oficinas de produção textual dos mais variados gêneros acadêmicos.
7. **História de Literaturas de Língua Portuguesa:** que vamos apresentar com mais detalhes na seguinte parte sobre o ensino das literaturas de língua portuguesa

Como prática das instituições universitárias egípcias, no final de cada semestre, os estudantes são submetidos a provas. Por isso, buscamos elaborar avaliações que possam explorar o conhecimento do aluno sobre a língua portuguesa e suas manifestações culturais e históricas, com perguntas de análise e de crítica e que impliquem a relação entre as ideias históricas e teóricas e as práticas da língua nas mais variadas situações sociais.

Ensino das literaturas de Língua Portuguesa

O Departamento adota a visão de Antonio Candido da literatura como um direito humano. Quando o estudante termina a metade do livro *Falar, Ler e Escrever*, já começa a ter um nível que oscila entre o elementar e o intermediário, o que nos permite iniciar o ensino das literaturas de língua portuguesa. Os estudantes começam, portanto, a ter contato direto com as disciplinas de literatura a partir do segundo ano letivo (terceiro semestre do curso). No currículo, a literatura consta basicamente nas disciplinas de *Leitura e Interpretação de textos* e *História da literatura*, que visam desenvolver a capacidade literária dos estudantes. Na disciplina *Leitura e interpretação de textos* ensinamos os tipos textuais como a descrição, a narração e a argumentação. Na disciplina *História das literaturas de Língua Portuguesa* estudamos diferentes épocas da história da literatura portuguesa, brasileira e aspectos das literaturas africanas e asiáticas em língua portuguesa, da Idade Média até a Contemporaneidade. Em cada etapa, o aluno aprende os principais conceitos históricos característicos de cada época, os autores e as obras relevantes de cada período literário.

Nas primeiras aulas, os estudantes começam a assimilar pouco a pouco a terminologia literária em geral e dos conceitos da história da literatura luso-brasileira em especial. Nessa fase, vamos apresentando as principais técnicas operadoras na leitura dos variados gêneros literários (narrativa, poesia, drama, etc).

Também tentamos dedicar aulas específicas para questões teórico-conceituais e técnicas, como as figuras da linguagem, as técnicas da poesia e da pintura, as da narrativa e do cinema e as do drama, do teatro e da novela. Ao decorrer da análise literária de textos escolhidos pelos próprios alunos de uma lista sugerida pelo programa de diferentes escritores, vamos apresentando as questões teóricas da crítica literária.

Um dos desafios no estudo do ensino da literatura é a hegemonia do pensamento pragmático centrado no eu consumidor. Por isso, ao início, afirmamos a reflexão literária produtora de sentido de vida. Aos poucos, o estudante começa a sentir o gosto da experiência literária e sua relevância para a compreensão da sua realidade.

Inicialmente, os estudantes questionam as diferenças culturais na literatura e se confrontam com diversos modos de percepção dessas diferenças. Muitas vezes são questionados na sala de aula temas de gênero, como o tipo de vestimenta, as relações sociais da mulher e seu papel na sociedade. Também, são criticados os olhares eurocêntricos sobre os árabes, os negros, os índios e os asiáticos, promovendo um pensamento crítico e de respeito à diversidade cultural. No decorrer dessas aulas, procuramos cultivar o debate amigável e desenvolver a capacidade argumentativa do estudante, propiciando um ambiente agradável e aconchegante, com petiscos, café ou chás, para administrar ludicamente as tensões que podem surgir nas discussões e incentivar positivamente a experiência de diálogo com o outro, como defendia Paulo Freire: "Uma educação que possibilitasse ao homem a discussão corajosa de sua problemática... Educação que o colocasse em diálogo constante com o outro... À análise crítica de seus 'achados'".(1967, p. 90)

Ao longo do curso, procuramos reparar as lacunas no conhecimento dos principais acontecimentos da história mundial e, especialmente, aqueles que influenciaram a literatura luso-brasileira contemporânea, tal como o movimento de contra-cultura, ou, por exemplo, as consequências da primeira e da segunda guerra mundial. Por essa razão, tentamos valorizar a literatura como uma porta de entrada para os alunos conhecerem o próprio contexto social em que estão inseridos. Na medida que vamos ampliando o repertório de variadas referências históricas, os estudantes vão deixando de considerar o seu repertório local como o único no mundo para produzir um olhar plural e crítico que considere as diferenças culturais e se alimenta desta diversidade. Nesse sentido, recorremos à estratégia das excursões a variados lugares históricos no Egito, fora do espaço habituado do estudante, o que representa um avanço na ampliação do seu repertório.

Outra estratégia que utilizamos foi a promoção de visitantes falantes de língua portuguesa para desenvolver atividades culturais e de pesquisa com os estudantes. Ao mesmo tempo, organizamos a I, II e III Jornadas de Língua Portuguesa. A primeira foi em 2015 com a visita do Prof. Dr. Benjamin Abdala

Junior, que falou sobre as fronteiras múltiplas na literatura. A segunda foi em 2016, com a visita do Prof. Dr. José Clécio Quesado, que nos falou sobre aspectos gerais da literatura portuguesa. No mesmo ano, organizamos oficinas de leitura com o escritor Habib Zahra e a artista plástica e ilustradora Valeria Rey, que nos apresentaram seus livros *O burro errante* e *O último golpe do lobo mau*. A terceira jornada de língua portuguesa foi no dia 4 abril de 2016 com participação de delegações da Angola, Brasil, Moçambique e Portugal. Nessas jornadas, procuramos o maior diálogo possível entre os representantes dos países da CPLP sobre o ensino da língua portuguesa no exterior.

A ampliação do repertório dos estudantes e o desenvolvimento da experiência intercultural lhes permite superar o olhar fragmentário, próprio das restrições sociais, e começar a se apropriar de uma perspectiva holística da realidade a partir de uma ótica que considere as novidades das ciências humanas e sociais. Benjamin Abdala Júnior (2012) destaca:

> A historiografia assim entendida não se volta apenas para o que já foi, mas recupera a memória em seu processo para projetá-la para o futuro. Este, para Ernst Bloch (1976), afigura-se como um princípio de esperança uma forma de utopismo ontológico onde o homem, ativo e inquieto, sente-se desejoso de aperfeiçoamentos futuros.

Assim, com o ensino e a aproximação dos processos históricos das literaturas de língua portuguesa, vemos nascer no estudante a desconstrução gradual das atitudes provincianas fechadas, o desenvolvimento de diálogos internos entre a cultura secular e a religiosa e o pensamento crítico das tradições das gerações mais velhas; a abertura às diferenças culturais e a reflexão intercultural sobre sua realidade, seu corpo e os contrastes sociais. Dessa maneira, o contato dos alunos egípcios com as literaturas de língua portuguesa apresenta uma reinterpretação dos valores éticos e estéticos da sua realidade.

Cabe ressaltar que os alunos desenvolveram, a partir das aulas da *História das literaturas de língua portuguesa*, uma série de reflexões sobre as questões de gênero e do papel da mulher na sociedade. E essas reflexões literárias participam, portanto, do desenvolvimento emocional e social da personalidade dos estudantes. Nesse sentido, o professor Benjamin Abdala Júnior (2012) afirma:

A história da literatura deve ser vista, entendemos, nessa plurivocidade discursiva, com relatos entrecortados, conflituosos, como matéria voltada para o antes que pode vir a ser o depois. No enovelado de linhas que se embaraçam, torna-se necessário se buscar ainda intersecções e confluências com conjuntos de outros repertórios, sem perder a especificidade do modo de se conhecer a realidade que vem da literatura.

A avaliação da disciplina *História das literaturas de língua portuguesa* é feita com perguntas dissertativas e perguntas de múltiplas escolhas. Em todo o processo da avaliação, nosso principal objetivo é a orientação e não a penalização, por isso recorremos a um caminho mais construtivo a partir da experiência que traz o estudante para a sala de aula.

Considerações finais

Ao longo do nosso relato, mostramos aspectos do ensino da língua portuguesa e de suas literaturas no curso de Línguas do Departamento de Língua Portuguesa em Aswan University, no Egito. Essa experiência nos mostrou variados tipos de diálogos interculturais. Temos o diálogo não somente entre os falantes de língua árabe e os de língua portuguesa, mas também o diálogo interno entre os membros da CPLP e seus cânones literários legitimados.

Nesse diálogo, emerge a problematização da canonização literária no currículo, mas surge também o diálogo entre falantes de língua portuguesa e os do resto dos países Iberoamericanos, entre os falantes de língua portuguesa e outros do continente americano, europeu e asiático. Todo esse processo apresenta o potencial de conduzir a formação de novos leitores das literaturas de língua portuguesa em espaços inéditos e promissores. Observa-se que os desafios que enfrenta a implantação da língua portuguesa nesses espaços inéditos nem sempre são linguísticos-culturais, mas há outras questões institucionais e políticas que poderiam comprometer o desenvolvimento das estratégias de aprendizagem e comunicação.

Hoje, esses desafios agravam-se com a situação geopolítica instável que vive o mundo e termina abalando a motivação dos professores e dos estudantes e compromete todo o processo pela falta de apoio material ao mesmo. Nesse sentido evocamos as palavras do ilustre escritor moçambicano Mia Couto (2017): “Falar, amar e cultivar o português é uma forma de militância pela diversidade”.

Referências

Abaurre, Maria Luiza; Pontara, Marcela Nogueira. (2015). *Gramática - Texto: Análise e Construção de Sentido.* São Paulo: Editora Moderna Plus.

Abdala Junior, Benjamin. (2012). *Literaturas em Língua Portuguesa: histórias e estórias.* Matraga (Rio de Janeiro), v. 19, p. 10-24.

Candido, Antonio. (1989). Direitos Humanos e literatura. In: A.C.R. Fester (Org.) *Direitos humanos.* São Paulo: Ed. Brasiliense.

Candido, Antonio. (1995). O Direito à Literatura. In: *Vários Escritos.* São Paulo: Duas cidades.

Cosson, Rildo. (2009). *Letramento literário: teoria e prática.* São Paulo: Contexto, 2007.

Cunha, Celso; Cintra, Lindley. *Nova Gramática do Português Contemporâneo.* Rio de Janeiro: Editora Lexicon.

De Nicola, José. (2011). *Painel da literatura em língua portuguesa.* São Paulo: Editora Scipione.

Elgebaly, Maged T. M. A. (2016). Apontamentos sobre o ensino de literaturas de língua portuguesa no Egito. In: *Anais do II Congresso Internacional de Linguística e Filologia (CILF) do Círculo Fluminense de Filologia e Lingüística (CiFEFiL) na Universidade Veiga de Almeidas* (UVA), Rio de Janeiro, v.XX. p.94 – 100.

Freire, Paulo. (1967). *Educação como prática de liberdade.* Rio de janeiro: Paz & Terra,

Gardner, Robert C. (2007). *Motivation and second language acquisition.* Porta Linguarum 8, 9-20.

Gelbert, Laura e Grayley, Monica. Entrevista com o Mia Couto- Falar português é 'militância pela diversidade', diz Mia Couto em dia mundial. ONU News no Brasil, 2017.https://nacoesunidas.org/falar-portugues-e-militancia-pela-diversidade-diz-mia-couto-em-dia-mundial- Acesso:4/09/2017

Lima, Eberlein.E.O.F.; Iunes, Samira. A. (1999). *Falar... Ler... Escrever... Português: um curso para estrangeiros.* São Paulo: E.P.U.

Maingueneau, Dominique. (2005). *Discurso literário.* Tradução de Sírio Possenti. São Paulo, editora contexto.

Marcuschi, Luiz Antonio. (2008). *Produção textual, análise de gêneros e compreensão.* São Paulo: Parábola Editorial.

Monteiro, Pedro Meira (Org.). (2014). *A primeira aula. Trânsitos da literatura brasileira no estrangeiro.* São Paulo: Itaú Cultural.

Rocha, Luiz Carlos de Assis. (2012). *Estruturas Morfológicas do Português.* São Paulo: Martins Fontes.

Said, Edward. (1978). *Orientalism.* London: Penguin. Said, Edward (2003). *Reflexões sobre o exílio e outros ensaios.* São Paulo: Companhia das Letras.

Santiago, Silviano. (2000). *Uma literatura nos trópicos: ensaios sobre dependência cultural.* Rio de Janeiro: Rocco.

Saraiva, José F. S. (1996). *O lugar da África: a dimensão atlântica da política externa brasileira* (de 1946 a nossos dias). Brasília: Editora UNB.

Saraiva, José F. S. (2015). *A África no século XXI: um ensaio acadêmico.* Brasília: Fundação Alexandre Gusmão.

Takahashi, Neide Tomiko. (2015). *Leitura Literária em português-língua estrangeira (PLE) no Brasil: representações, compreensão e produção textual.* Tese de Doutorado. Orientadora: Profª. Drª. Rosane de Sá Amado, FFLCH, USP, São Paulo.

Takahashi, Neide Tomiko. (2008). *Textos literários no ensino de português-língua estrangeira (PLE) no Brasil.* Dissertação de Mestrado. Orientador: Prof. Dr. Reginado Pinto Carvalho, FFLCH, USP, São Paulo.

Zahra, Habib e Rey, Valéria. (2012). *O burro errante.* Recife: Editora Cubzac.

Zahra, Habib e Rey, Valéria. (2014). *O último golpe do Lobo Mau.* Recife: Editora Cubzac.

8

CONTRIBUIÇÕES PARA A PRÁTICA DA INTERCULTURALIDADE: UMA ABORDAGEM LINGUÍSTICA E SÓCIO-CULTURAL DO TEXTO LITERÁRIO

Orlanda Gomane & Sara Laisse

Introdução

Neste trabalho, reflectimos de que modo é que a escolha de textos com marcas identitárias moçambicanas contribui no processo de ensino da Língua Portuguesa (LP) e, simultaneamente, estimula o princípio da interculturalidade em Moçambique. Desde já, afirmamos que comungamos a ideia da força da literatura e da cultura no melhoramento do conhecimento de uma língua, incentivando a interculturalidade.

Assumindo que o cânone literário do Ensino Secundário Geral (ESG) não contém as representações culturais dos grupos étnicos[1] moçambicanos, que a escola não ensina os alunos a identificá-los (cf. Laisse, 2015), e atendendo a que o ensino da literatura é realizado na disciplina de Língua Portuguesa, algumas estratégias linguísticas poderiam ser reforçadas e incentivados os aspectos sócio-culturais.

1. Utilizamos a classificação preconizada em Nhapulo (2010), por ser a mais recente e que preconiza a existência dos seguintes grupos étnicos: maconde (Norte de Cabo Delgado); macua-lomwé (Nampula, Cabo Delgado, Zambézia e Niassa); swahili (Cabo Delgado); yao (Niassa); nguni (Maputo, Gaza, Angónia e Tete); marave (Tete, Zambézia, e Niassa); shona (Tete, Sofala e Manica); complexo Zambeze (Sofala, Tete e Zambézia); bitonga (Inhambane); tsonga e shopi (Gaza e Inhambane); tsonga (Maputo). Nessa obra o autor apresenta um mapa colorido com as demarcações desses grupos. Outras propostas de classificação podem ser consultadas em Rita-Ferreira (1976) e Atlas de 1960.

A raridade de trabalhos dessa índole, especialmente dos que cruzam as análises linguísticas, literárias e de exploração de conteúdos sócio-culturais estimulou-nos a realizar esta pesquisa. Assim, os nossos objectivos são: a) Apresentar as representações culturais dos grupos étnicos moçambicanos sugeridas pelo texto literário ensinado no ESG; b) Mostrar que, através de estratégias do professor, outras representações culturais dos grupos étnicos podem ser convocadas e tratadas em sala de aula, para estimular a interculturalidade; c) Socializar potencialidades de abordagem do texto literário no ensino de Língua Portuguesa que estimulam a apreensão de sentidos, a partir do modelo em teste e d) Analisar como é que através desses sentidos linguísticos e ou outros se pode provocar a interculturalidade entre os diferentes grupos étnicos moçambicanos.

O nosso quadro teórico busca fundamentos nos princípios do Interaccionismo Sócio Discursivo (ISD), do Desconstrutivismo, da Linguística Sistémico-funcional (LSF) de Halliday, da Estética de Recepção de Textos e da Sociologia da Leitura, por colocarem o leitor no centro da descodificação textual, adicionando todo o contexto da produção e recepção na construção dos significados.

Trata-se de uma pesquisa exploratória na qual pretendemos testar a viabilidade da utilização de um modelo de análise, através de um questionário aplicado a estudantes finalistas do ensino superior de uma universidade moçambicana. Esses estudantes frequentam o Curso de Licenciatura em Ensino de Língua Portuguesa. A elaboração do instrumento teve como base fundamentos do ISD. Os dados desta pesquisa permitir-nos-ão verificar até que ponto é que o modelo pode ser utilizado como contributo para o ensino da Língua Portuguesa e fomento do princípio da interculturalidade.

As representações culturais dos grupos étnicos moçambicanos sugeridas pelo texto literário ensinado no ESG foram recolhidas através do mapeamento de vocábulos e de expressões culturais. Esse material recolhido foi testado por informantes de diferentes grupos étnicos moçambicanos que validaram os seus significados, numa perspectiva desconstrucionista.

Para mostrar diferentes estratégias que o professor deve utilizar para convocar para a sala de aulas o tratamento de outras representações culturais e estimular a interculturalidade, os estudantes do Curso de Licenciatura em Ensino de Língua Portuguesa propuseram actividades com textos literários de autores moçambicanos, através do questionário acima referido. O mesmo grupo de alunos analisou o texto "Um pequeno em Chibuto", da autoria do escritor moçambicano Aníbal Aleluia, que permitiu fazer-se a apreensão de sentidos e mostrar como estes podem estimular a interculturalidade.

Como resultado desta pesquisa, esperamos poder contribuir com uma estratégia a partir da qual, com recurso ao modelo de análise criado, poder-se-á aliar o ensino da LP ao estímulo e fomento da interculturalidade, reforçando metodologias de ensino da LP, com enfoque linguístico e sócio-cultural.

O texto apresenta a seguinte estrutura: a introdução, onde damos conta das motivações, dos objectivos e procedimentos do estudo; o desenvolvimento, em que descrevemos o quadro teórico que o suporta; a análise dos dados, apontando para os aspectos mais relevantes observados durante a análise, onde podemos sugerir também possíveis caminhos metodológicos acerca do tema em estudo, concluindo com a referência bibliográfica e os anexos.

Outras cores da Língua Portuguesa no mundo: Moçambique, um país multilingue e multicultural

A nação moçambicana foi constituída a partir de fronteiras geográficas que dividiram nações diferentes, tal como se pode verificar a partir das línguas faladas em cada região na descrição seguinte, apresentada com base no postulado em Lopes (2004, pp. 27-31): em Cabo Delgado, fala-se Kiswahili e Shimakonde, línguas também faladas na Tanzânia; em Niassa, podemos ouvir Cyao e Cinyanja, línguas faladas, similarmente, na Tanzânia e no Malawi; em Tete fala-se Cinyanja, igualmente falado no Malawi, Tanzania e Zâmbia; em Sofala, parte da Zambézia, e parte de Tete, fala-se Cisena, língua identicamente falada no Malawi; na Beira e em Manica, fala-se o Cishona, que também é falado no Zimbabwe; em Gaza, fala-se o Xichangane que também é falado na África do Sul; o Swazi é uma língua da Swazilândia que também é falada numa região de Maputo, o mesmo acontecendo com o Zulu, falado na África do Sul[2].

2. Em Ngunga (2004:49) encontramos uma classificação, ligeiramente diferente) que faz referência às seguintes línguas: Kiswahili, Shimakonde e Kimwani (Cabo Delgado); Cyao (Niassa), Emakwa e Ekoti (Nampula), Elomwe e Echwabo (Zambézia), Cinyanja e Cyao (Niassa); Cinyungue e Cisenga (Tete); Cisena (Sofala), Cishona (Manica), Xitwa, Gitonga e Cicopi (Inhambane); Xichangana (Gaza); Xironga, Swasi e Zulu (Maputo).

Moçambique é, assim, um país plurilinguístico, onde o Português é Língua Materna (LM) para apenas 4,8% do total da população (Lopes, 2004, p. 19), sendo para os restantes 95%, L2 e correspondendo a 40%, a população que a fala e compreende.

O cenário acima descrito remete-nos à discussão da questão da utilização da objectividade e da subjectividade na definição de Moçambique como nação, que acaba resultando num fenómeno ambíguo porque, do ponto de vista objectivo, é uma nação, que resulta de um processo político-histórico, que determinou que todos os moçambicanos falassem a mesma língua. Essa objectividade materializa-se, segundo o filósofo moçambicano Severino Ngoenha, pelo facto de que, por pertencerem ao mesmo Estado, os moçambicanos deverem utilizar o mesmo tipo de Bilhete de Identidade, a mesma moeda e terem um mesmo governo. Mas, do ponto de vista subjectivo, Moçambique congrega várias nações, pois contém, no seu interior, territórios nos quais, para além de serem faladas diferentes línguas, coabitam diferentes culturas particulares, demarcadas pelos grupos étnicos acima referidos.

Quadro Teórico: o ensino da língua portuguesa e contribuições do texto literário para o fomento da interculturalidade

Ao abordar a questão da ciência do texto, Bronckart (2005, p.48) refere que os mecanismos do ISD[3] permitem a produção e interpretação de entidades verbais que contribuem para a transformação de pessoas, e interagem na transformação de factos sociais. Segundo o autor (2006b, pp. 9-10), o ISD permite medir a validade do conhecimento transmitido, no âmbito da utilização da linguagem e práticas discursivas, a partir da operacionalização dessa prática, ou da verificação das mudanças do pensamento consciente. Esse mecanismo fornece princípios, para formar pessoas, a partir do texto e influenciar as suas acções, após um processo de formação, com recurso a linguagem. O autor (2006b, p.12) enfatiza que o ISD estuda "os efeitos das práticas de linguagem sobre o desenvolvimento humano", através de textos ou discursos, considerando que o ISD é uma variante do interacionismo social, que ele designa como ciência do humano, e que contribuiu para práticas de natureza didáctica.

3. Em outras pesquisas, os princípios do ISD foram amplamente utilizados, em práticas pedagógicas de produção de textos, mas muito raramente na sua recepção.

Bronckart (2006, pp. 9-10) defende ser possível fazer-se a mediação do processo de ensino-aprendizagem, a partir da didática do texto, a fim de realizar a formação das pessoas e desenvolver as suas capacidades porque, para ele (2006a, p.10), o ISD tem a especificidade de "postular que o problema da linguagem é absolutamente central e decisivo para a ciência do humano". Esta é composta por mecanismos de discussão de dinâmicas sociais e de processos de socialização secundária, que podem ser aprendidos, em processos de formação, e que podem influenciar o agir humano, tanto no que concerne ao seu conhecimento, como no que diz respeito às identidades.

Para medir a validade do conhecimento transmitido e para verificar os efeitos das práticas de linguagem, sobre o desenvolvimento das pessoas, Bronckart (2006a, pp. 9-10; 2007, pp. 44-47; 2007, pp.71-72) destaca três níveis referentes aos princípios do ISD.

O primeiro nível integra formações sociais, quadros que organizam relações entre indivíduos e o seu ambiente, actividades de linguagem e conhecimento colectivo - organizados, de acordo com diferentes sistemas lógicos. Tal como o autor refere, no âmbito do desenvolvimento humano, os processos de individualização não se dissociam dos de socialização.

O segundo nível considera o comportamento de mediação formativa, através de processos de integração ou socialização de crianças e jovens, no uso da linguagem, em determinada cultura escolar.

O terceiro trata de questões que dizem respeito aos efeitos que as mediações formativas exercem sobre os indivíduos caraterizadas por duas componentes: a que tem a ver com o pensamento fundador da *persona* e o outro, que trata das condições de desenvolvimento das pessoas e das suas capacidades activas (resultantes das representações realizadas pelo próprio indivíduo ou da sua interacção com o colectivo, na mediação do processo de ensino-aprendizagem, no âmbito da didática do texto).

Empregando essa corrente, é possível medir-se a validade do conhecimento transmitido, com recurso ao texto, e influenciar o agir dos seus leitores, bem como apreender os efeitos das práticas de linguagem, sobre o desenvolvimento das pessoas, e formar um pensamento humano consciente - susceptível de os remeter para o relacionamento intercultural. É nosso entendimento que, caso o resultado das práticas, através da linguagem, não tenham o efeito desejado, o processo pode ser corrigido, uma vez que as acções das pessoas podem ser (re)avaliadas e estimuladas.

Em Bronckart (2007, pp. 22-24), vemos (re)afirmado que a investigação interacionista baseia-se no desenvolvimento do ser humano, no contexto da organização social em que este se encontra envolvido, considerando os efeitos da interação semiótica. Permite transformar as pessoas em seres "conscientes da sua identidade e capazes de colaborar com as outras na construção de uma racionalidade do universo que as envolve".

Paralelamente, o quadro funcionalista, concomitantemente ao ISD, ao abrir espaço para a discussão dos diferentes aspectos sociais relativamente às funções que os indivíduos realizam e suas consequências para o colectivo, mostra-se adequado a análise do nosso objecto. A língua, a sociedade e a cultura constituem um sistema, por isso interdependentes (Rocher, 1991).

Ducrot e Todorov (1982, p. 43) referem que o pensamento funcionalista sobre a linguagem sistematiza-se no enfoque à língua como instrumento de comunicação.

Reiteramos, assim, esse paradigma com Neves (2004, p. 2), *apud* Gomane (2012), na sua afirmação de que: "qualquer abordagem funcionalista de uma língua natural, na verdade, tem como questão básica de interesse a verificação de como se obtém a comunicação com essa língua, isto é, a verificação de como é que os usuários dessa língua se comunicam efectivamente".

Halliday (1994), ao considerar a língua como ponto de partida para o entendimento de como usá-la para alcançar objectivos, mostra o facto de que ela é moldável à situação. Aliás, o autor concebe o conceito contexto cultural como facto que se relaciona com a forma como a língua é utilizada nas diferentes formações culturais, estabelecendo uma relação entre a interpretação e a realidade cultural dos falantes.

Assim, as marcas identitárias e as formas de apreensão dos sentidos do texto podem ser vistas neste quadro que com recurso à Estética da Recepção encontra um complemento em Koch (1997)[4] que, apresentando o conceito de texto sublinha aspectos linguísticos e não linguísticos. Para a autora o texto é:

> uma manifestação verbal constituída de elementos linguísticos seleccionados e ordenados pelos falantes, durante a actividade verbal, de modo a permitir aos parceiros, na interacção, não apenas a apreensão de conteúdos semânticos, em decorrência da activação de processos e estratégias de ordem cognitiva como também a interacção de acordo com práticas sócio-culturais (1992 /1997, p. 75).

4. Discorrerem sobre o mesmo conceito Neves & Oliveira (2001).

Num texto literário e do ponto de vista da hermenêutica, essa função comunicativa pode ser interpretada de diferentes maneiras. Gonçalves, Magaly; Bellodi, Zina (2005, pp.112-154; pp. 200-202) apontam diferentes correntes críticas de abordagem para o fazer, a saber as críticas Realista Marxista e Realista Socialista, o *New criticism*, o Formalismo Russo, o Estruturalismo e a Desconstrução. Neste trabalho, interessou-nos esta última, por, segundo Ceia (s/d) ser um processo de análise centrado na crítica de irregularidades retóricas de textos do tipo literário, filosófico, psicanalítico, linguístico ou antropológico.

A postura desconstrucionista é uma visão de texto instável, em contínuo processo de mutação, com sentidos sempre provisórios. É também provisória e arbitrária a relação entre signo e significado. Para essa abordagem, é vital a ideia da inexistência do centro, sendo este apenas uma construção, que marca o pensamento ocidental. É considerada uma postura extremamente teórica, e valoriza a disseminação de sentidos.

Derrida (s/d) defende uma multiplicidade de interpretações de significados de palavras. Rompendo com a teoria estruturalista de Saussure, que assenta sobre a unicidade entre o significante e o significado, Derrida (op. cit.) sublinha ser necessário ir-se além do significado rígido que determinados conceitos podem ter. Para o autor, a interpretação do significado de termos binários não deve ser feita, de forma estanque.

Assim, torna-se evidente que o conhecimento do léxico, por si só, não remete nem condiciona a competência linguística, mas é ponto de partida e ou pelo menos contribui em grande medida para o conhecimento, manuseamento e domínio de línguas.

Autores como Barthes (1966, pp. 60-61); Norris (1982, p. xii); Trigo (1985, pp. 12-13), entre outros, fundamentam a importância da desconstrução, mas é em Ceia (1999, pp. 20-21) que assenta o nosso argumento no que toca ao trabalho com textos de cariz etnográfica, por este autor advogar que a desconstrução assenta sobre uma análise, que tem a ver com o facto de alguns textos literários irem além da representação da literatura, sendo, portanto, necessária a inclusão dessa pluralidade de sentidos, na análise literária[5].

---

5. A questão da interpretação de obras etnográficas é, também, abordada em Cavacas (1994, pp. 62-71); Gale (2011, pp. 80-81); Noa (2012, pp. 15-16) que defendem a consideração de aspectos semânticos e pragmáticos para a interpretação do Texto Literário.

Ainda nesse debate, Ceia (1999, p. 21) defende a importância de se estabelecer uma didáctica, em que seja estabelecida uma hermenêutica dialética. Assim, nesse contexto, o autor refere-se à existência de três caminhos que, a partir de várias releituras dos textos, podem ser seguidos: a) encontrar o significado do texto (compreensão); b) transmitir os diferentes sentidos encontrados no texto, incluindo a avaliação das suas implicações (explicação); c) estabelecer uma dialética entre a compreensão e a explicação, criando fórmulas para outras interpretações, sem negligenciar o facto de que a literatura é ensinada, a partir da teoria e dos pressupostos, que marcam a literariedade de um texto.

Sendo assim, e uma vez mencionadas as diferentes formas de interpretação do texto literário, a partir da perspectiva da desconstrução, importa salientar que a Sociologia da Leitura pode ser âncora para a construção de um quadro interpretativo que integra realidades culturais, através da análise literária. Será com base no que o aluno descobre após o acto de leitura que, com ajuda do professor, poderá interpretar a obra literária, integrando, entre os diferentes sentidos, o histórico e o antropológico, o individual/colectivo, o social e ou o cultural, o denotativo/conotativo, etc.

Quando nos é colocado o desafio de ler um texto, a possibilidade de compreender o léxico presente no texto e os diferentes contextos de uso do mesmo exigirão do leitor uma apreensão geral do texto garantida pela apropriação dos significados básicos. É assim que um leitor experiente inicia a absorção e descodificação da mensagem.

A prática de ler, o convívio com textos fará desenvolver uma maior atenção sobre certas palavras e todos os termos ou sequências linguísticas que estão na sua vizinhança. A frequência desse exercício fará com que o leitor aprenda e desenvolva estratégias de leitura adequadas.

Horellou-Lafarge e Segré (2010, p. 89) lembram que a leitura de obras literárias é legitimada pelo sistema escolar. Na ótica dessas autoras, esse sistema, durante o séc.XX, foi estabelecendo um modo de leitura culto para os alunos. Essa leitura baseia-se na linguística e na semiótica, centrando-se na forma do texto e na interpretação.

E porque temos estado a focar a nossa atenção na apreensão da cultura, importa abordar a questão das representações culturais no texto literário, porque será a partir delas que a cultura será estudada. Na verdade, na abordagem de textos que se situam, sobretudo, no sistema modalizante secundário, assume-se que o denotado já seja do domínio do leitor, sendo assim capaz de compreender, interpretar e extrapolar significados a partir da leitura de textos situados no sistema conotado.

Ceia (s/d) afirma que a interpretação que fazemos de determinada obra retoma um conjunto de crenças, princípios e ideias previamente existentes na nossa memória, e a obra será legitimada pelo leitor, após satisfazer a expectativa que tem acerca daquela e, aí relegará o seu autor para um plano secundário. A crítica, que faz a esse conceito, tem a ver com o facto de esta não ser a única maneira de analisar uma obra literária. Afirma que esse termo foi divulgado nos anos 70 e 80 por Jauss (1970, pp. 66-67), que defende que:

> uma obra não se apresenta nunca, nem mesmo no momento em que aparece, como uma absoluta novidade, num vácuo de informação [...]. Ela evoca obras já lidas, coloca o leitor numa determinada situação emocional, cria, logo desde o início, expectativas, a respeito do 'meio e do fim' da obra, que, com o decorrer da leitura, podem ser conservadas ou alteradas, reorientadas ou ainda ironicamente desrespeitadas, segundo determinadas regras de jogo, relativamente ao género ou ao tipo de texto.

Para Jauss (1993, p. 70), o horizonte de expectativa de um leitor, relativamente ao texto, resulta de três fatores, a saber: a compreensão do género literário, a forma e a temática das obras literárias lidas anteriormente, e a oposição entre a linguagem literária e a não literária. O autor (idem, pp. 67-70, p. 105) acrescenta que uma obra literária coloca o leitor em expetativa, acerca do meio e do fim, a que a mesma se destina, e por isso as suas expetativas podem ser alteradas, alimentadas, corrigidas, modificadas ou reproduzidas, através do processo de leitura, que encontra ou não, no texto literário, sinais que o remetem para as obras anteriormente lidas, que tanto o levam a uma expetativa literária como à sua experiência de vida.

Jauss (op. cit.) aborda a questão da produção e representação literárias, numa visão, que inclui, na análise literária, factores exteriores ao texto literário: a historicidade e o papel que a literatura deve desempenhar na sociedade. O autor (idem, p. 107), através da Estética de Recepção, refere que: "a resposta que a estética da recepção procura dar ao problema da função de configuração social da literatura ultrapassa as competências da estética tradicional da representação".

Pensamos ter delimitado os conceitos que nos permitirão propor que o princípio da interculturalidade seja fomentado, através da formação, com recurso ao texto literário, considerando um *corpus* literário, que contenha representações da cultura de diferentes grupos étnicos. Esta proposta será desenvolvida, com o intuito de se estimular os alunos para uma consciência cultural, predispondo-os a aprender sobre a realidade cultural do outro. Essa predisposição deverá ser criada, a partir de uma escolha criteriosa de obras e textos, que alimentem o horizonte de expectativas do aluno, e que os emancipem para outras visões do mundo.

Dinâmicas de abordagem de textos literários no ensino de Língua Portuguesa

Estimular a interculturalidade através do texto literário passa pelo reconhecimento de marcas culturais em textos, seja através de um vocabulário específico, seja por via de expressões linguísticas com marcas de identidade sócio-culturais. É nesse sentido que, na tabela abaixo, apresentamos as representações culturais dos grupos étnicos moçambicanos sugeridas pelo texto literário ensinado no ESG. Nela, os grupos étnicos sublinhados são os que não constam do cânone literário do ESG e foram aqui propostos para identificar e "completar" o *mosaico* cultural moçambicano.

Tabela 1: Outras Configurações do Cânone Literário - interação, reciprocidade e inclusividade: proposta de cânone multicultural

Cânone Literário		**Representações culturais de grupo étnico (Símbolos, valores, atitudes, costumes, hábitos ou *modus operandi* rituais)**	**Grupo(s) étnicos sugerido(s)**
Autor	Título		
Leite Vasconcelos	"As Mortes de Lucas Mateus" (cenas I a VI)	*Lobolo*	Tsonga, nguni, bitonga, chope
Aurélio Furdela	"Gatsi Lucere"	*Zimbawe*, monomotapa, *mambo, mocaranga, matusianhe*	Shona

José Craveirinha	"Sia-Vuma"	*Xicatauana, missangas, xugubo, lovolo* (lobolo), *tintlholos, nhangamagaízas, marrabenta, tingomas* Virgem maconde; *Timbilas Xipendanas*	Tsonga Makonde Chope Tsonga
Sant´Ana Afonso	" Ser Mulher"	*Lobolo*	Tsonga, bitonga, chope, nguni
Paulina Chiziane	*Niketche* (excerto)	Dança *niketche* Poliandria *Lobolo*	Macua-lomwe e complexo zambeze Macua-lomwe Tsonga, nguni, bitonga, chope
Noémia de Sousa	"Se me quiseres Conhecer"	Pau-preto makonde Machanganas Muchopes	Makonde Tsonga Chope
Sérgio Vieira	"Poema para Eurídice Negra"	*Marimbas*	Chope
Ungulani ba Ka Khosa	*Orgia dos Loucos*	*Canhu, Luandle, kufeni, Nyeleti, kululeko, tinlhoko, xicadju* *Chikhulu, chilanzane, deliinda, dole* *Monomotapa, changamire Dombo, zimbabues* Hostes nguni, tchaka, os nguni	Tsonga Chope Shona Nguni
Ungulani ba Ka Khosa	*Ualalapi*	Interdição de consumir peixe, *Muzila, Mawewe, Mudungazi/Ngungunhane, Ualalapi, mhondzo;* *Pombe, doro*, terra dos mundaus, *swikiro;* *Chipalapala*, povo tsonga, *hosi, mhondzo, inkhosikasi, lhambelo, nkuaia, mbhangui, tinhloco, n´sope, bayethe*; Machope; Pombe	Nguni Shona Tsonga Chope Complexo zambeze

Ungulani ba ka Khosa	*Choriro* (excerto)	*Choriro, chuanga* e *chicuacha, gugudas/ gogodelas,* achicudas	Complexo zambeze
Lília Momplé	*Os Olhos da Cobra Verde*	Pele aveludada Esticar os lábios vaginais, bezuntando-os com ervas - durante a puberdade (ritos de iniciação)	Macua-lomwé Macua-lomwé e makonde
Mia Couto	*Terra Sonambula*	*Xipoco, satanhoco, xicuembo, congolote, babalazes, nhamussoro, nganga, shima,chissila, focholos, xipalapala, timaca, nkanhu, ncuácuá, xipefo "Timbilar"* *Mucunha, makwa*	Tsonga Chope Macua-lomwé
——— Júlio Carrilho	——— *Nónumar*	——— *Lussúngo, mwani, songoma, kumánua*	**Swahili**[6] **Mwani**
Graça Torres	"...E a Raínha Inclinou-se..."	D'litonga, juás, cindona-ndona, monte yao, yao Nyanja	**Yao** **Marave**
Graça Torres	"Sitambul em Noite de Batuque"	Ce Mataka, Ce Syunguli, Nyambi, Mwembe, terra ajaua, Sitambul, Ce Bwonamali	**Yao**
Felizmina Velho	*Chilendela Maconde foi Riscada do Mapa*	Mapiko, não se chora nos funerais, tatuagens no rosto	Maconde

Fonte: Laisse (2015).

6. Do levantamento de obras produzidas entre 2000 e 2011 (período que engloba dois programas de estudo do ESG), não constam obras literárias com representações culturais dos swahilis. Existem as que se referem aos mwanis. Rita-Ferreira (1976) *apud* Lopes (2004, p. 646) apresenta-os como um subgrupo dos swahilis. Nhapulo (2010) não faz referência aos mwanis. Mas na presente proposta de cânone literário multicultural recomendamos uma obra com representações culturais desse grupo étnico, por duas razões; a primeira, por essas marcas existirem na obra a que faz referência, a segunda, porque poderão remeter o imaginário do leitor para a existência de mwanis e de swahilis, dadas as similaridades que estes grupos partilham como resultado do contacto cultural entre estes dois povos. Mas é imperioso que outros estudos, demarcando outros períodos, encontrem obras com representações dos swahili, porque sabemos que existem. Um exemplo é do poema "Hino à Minha Terra", de José Craveirinha, que para além da menção a esse grupo étnico é um hino à multiculturalidade.

Contudo, o estímulo da interculturalidade, integrando todos os grupos étnicos moçambicanos pode ser alcançado, principalmente, por via de estratégias do professor. Essa afirmação deriva da nossa leitura ao instrumento aplicado aos estudantes, através do qual colhemos as suas perceções sobre como abordar textos literários em sala de aula.

Os estudantes, após o tratamento teórico e prático sobre este género de texto, produziram propostas de sua abordagem em sala de aula. O formato geral das suas propostas foi: i. texto modelo de partida para a leitura, visando a identificação do assunto e a compreensão geral do mesmo; ii. questionário (oral/escrito) com foco nas especificidades do género, chamando a atenção para aspectos como, a mancha gráfica (prosa/verso), as categorias de figuras de estilo presentes, alguns vocábulos ou expressões de destaque e iii. a (re) produção do texto modelo do ponto de vista da forma, sendo a temática livre ou orientada.

Naquelas propostas constatamos que os aspectos da superstrutura textual ocupam um espaço predominante em detrimento das questões de apreensão de sentidos, sobretudo, os que trabalham os vocábulos de forma mais precisa e visando a extrapolação para outros/novos sentidos. Pesam, ainda, as propostas que trabalham questões de conteúdo ligadas a exploração da parte de língua (exercícios léxico-sintácticos, exercícios de sinonímia/antonímia). Pareceu-nos ser ainda frágil, a partir daquelas propostas, a perspectiva que focaliza o léxico, trabalhando os vocábulos de forma associada a todo o aparato da linguística e as marcas culturais que mais contribuiriam para o conhecimento e valorização de identidades socioculturais.

As propostas, embora menos expressivas, com alguma incidência sobre os aspectos de conteúdo revelaram-se mais ricas na perspectiva de estímulo e prática da interculturalidade, reforçando a nossa tese de que é sobretudo através da apreensão dos sentidos que se deve trabalhar o texto com os aprendentes, para que estes tenham a oportunidade de se apropriar e desenvolver o conhecimento da mensagem por ele veiculada e confrontá-la com as suas espectativas.

Assim, estas mostram que é ao professor que caberá, em última instância, estimular a interculturalidade, através da forma como destaca e faz reconhecer marcas de identidade particulares e ou colectivas nos textos, apoiando-se em ilustrações, vocábulos ou sequências textuais e na experiência sócio-cultural dos alunos.

O nosso questionário (Parte II) confirma as potencialidades desse exercício. O conto "Um pequeno em Chibuto", inserido na obra *Contos do Fantástico*, de Aníbal Aleluia, que serviu de base para a recolha das perceções dos informantes contém as questões seguintes: peso/significado de certos vocábulos do texto para a sua compreensão; significados no texto e fora do texto e significado extra-linguístico; relação entre certas estruturas semânticas/vocábulos e, ainda, representações culturais em que se situam ou que sugerem; comparação entre o que são as suas percepções e o que estuda na escola e opinião (justificada) sobre o estatuto das culturas.

Os informantes deveriam ler o texto e responder àquelas questões em cerca de 50 minutos e na presença do pesquisador para o esclarecimento de quaisquer dúvidas. No que concerne a vocábulos não conhecidos ou sobre os quais tivessem dúvidas, seleccionaram vocábulos como *chale* (chalé - escrita padrão), com uma frequência de 18 escolhas num horizonte de 27 vocábulos, sendo na atribuição do significado no contexto que nos apercebemos de alguma insegurança relativa ao mesmo. Veja-se a tabela abaixo:

Tabela 2: Apreensão de significados do texto: vocábulos seleccionados

Vocábulo	Frequência	Vocábulo	Frequência	Vocábulo	**Frequência**
Chale	18	Cemitério	9	Noite	4
Loquaz	4	Deblater-ando	4	Insólito	4
Indignação	4	Garoto	3	Transbor-dante	3
Atabalhoa-damente	3	Maubere	3	Xai-Xai	2

Fonte: dados da presente pesquisa.

O facto é recursivo em relação ao vocábulo *loquaz*, que aparece também com alguma incidência entre a segunda mais escolhida. Se o vocábulo é claramente definido no seu significado dicionarístico (os estudantes podiam usar o dicionário), já o significado no contexto pareceu-nos de difícil apreensão. Afinal, conhecer uma palavra passa por ser capaz de a usar em diferentes contextos. Os informantes seleccionam as palavras cujos significados desconhecem, fazendo jus a concepção segundo a qual a competência de leitura passa pelo exercício de construir sentidos básicos *a priori* e, concomitantemente, ser capaz de situar o texto no sistema modalizante primário, seguindo-se outros significados ou entendimentos.

Outras escolhas que corroboram para esse nosso posicionamento são os vocábulos *deblaterando, atabalhoadamente, insólito, transbordante* e *maubere.* Na busca de uma maior compreensão dessas escolhas, procuramos o campo lexical em que se situam, associando-as a vocábulos como confusão, discórdia e espalhado. Em qualquer dos casos, um leitor competente, em face deste campo começaria a "inquietar-se" sobre as acções que têm ou vão ter lugar no texto. Diante das significações que estas palavras indiciam, o leitor coloca-se na posição de cautela para o provir, considerando o que é o seu conhecimento sócio-cultural a propósito destes termos. Esses aspectos devem ser convocados no exercício de exploração do texto. O professor deverá chamar a atenção dos seus alunos para estas realidades e os contextos em que ocorrem, mostrando o máximo de possibilidades de ocorrência.

Outro aspecto deveras significativo e que apoia a experiência (inter) cultural na abordagem do texto foi a selecção dos vocábulos *noite* e *cemitério.* Não significando desconhecimento do significado do vocábulo, parece ter sido importante na significação global do texto. Se não vejamos, os campos lexicais em que se inscrevem os termos em destaque são de natureza fantástica, remetem para realidades medonhas, sobrenaturais, principalmente se ocorrem em simultâneo, como no caso.

Os informantes accionam vocábulos sobre os quais possuem um conhecimento sócio-cultural para os apoiarem no seu entendimento do texto. Sendo o campo lexical o agregado de palavras ou termos que apontam para a mesma família, seria produtivo explorar as palavras do mesmo campo para apoiar a apreensão dos sentidos. Assim, a associação de noite-cemitério seria produtiva no sentido em que se poderia fazer derivar no mesmo campo: morte, silêncio, escuro, dormir, sono (profundo), ausência de movimentos, fantasma, sombra, medos, etc.

De acordo com a origem sócio-cultural de cada aluno, este selecionará os vocábulos que melhor expressam o seu *significar* o texto. Parece-nos tratar-se de um exercício necessário e pertinente em sala de aula, pois ao mesmo tempo que se apreende o sentido global, o aprendente apropria-se de certos vocábulos, tornando-se capaz de os *acomodar* nos seus significados culturais e, naturalmente partilhá-los no espaço de sala de aula, lugar preferencial para o conhecimento do outro.

Em algumas sociedades e culturas, sobretudo africanas, a morte é apenas uma passagem de estado ou de lugar. O convívio e o diálogo com os mortos continua, embora seja vedado, por vezes, a um grupo especial de pessoas que exercem a função de intermediários. O texto sugere que uma discussão desses aspectos poderá também ser potenciada. Num contexto de aprendizagem sobre o outro, outras questões como a purificação das famílias após a morte de um ente querido, por ser realizada de modos diferentes de cultura para cultura, muito haveria para se trocar e discutir, a partir do significado comum que tem a morte.

Assim, fica claro que apoiados nos sentidos linguísticos e outros, pode-se provocar a interculturalidade entre os diferentes grupos étnicos moçambicanos, no contexto de sala de aula. Por outro lado, o questionário aplicado (Parte III) demonstrou que nem todos os alunos são capazes de identificar o seu grupo étnico, o que exercícios da natureza do que acabamos de referir pode propiciar.

No tocante ao papel da Literatura no fomento da interculturalidade, a partir do texto literário "Um pequeno em Chibuto", os informantes reconhecem a existência de marcas que possam sugerir representações culturais de alguns grupos étnicos moçambicanos, mas nem todos souberam indicar quais. Foi na sequência disso que alguns dos estudantes referiram que, para além de se ensinar sobre a existência de grupos étnicos moçambicanos, há necessidade de que, no ensino, os alunos sejam submetidos a diferentes textos e de diferentes autores que possam sugerir sobre as culturas moçambicanas e ensinar como identificá-las. Só assim é que, na sua óptica, será possível fomentar a interculturalidade.

Como sugestão, os sujeitos deste estudo deixaram indicações de que, nas aulas de Língua Portuguesa, as actividades pedagógicas ligadas à literatura que devem ser realizadas para promover o relacionamento entre pessoas de culturas diferentes e deveriam incluir: ensinar-se o respeito pelas pessoas oriúndas de uma região diferente da da maioria; ensinar a respeitar as culturas de cada um - sem as questionar; fazer-se a dramatizações a partir de textos que abordem diferentes culturas; ensinar os alunos a (re)conhecerem a sua própria cultura (em textos literários) e fazer-se a narração de contos das diferentes regiões de Moçambique. Essa abordagem é feita em paralelo com o estudo dos aspectos linguísticos e de conteúdo, tendo sempre em linha de conta a literariedade do texto literário.

As análises acima permitiram testar e validar o modelo de análise literária que utilizamos. Este favorece, em contexto de ensino de LP/L2, estimular a interculturalidade.

Em suma, se se ensinar os alunos a identificarem marcas culturais nos textos literários, recorrendo-se a certos vocábulos ou sequências linguísticas particulares, tanto em LP, como noutras línguas moçambicanas, pode-se estimular a interculturalidade e a aprendizagem inclusive das línguas moçambicanas.

Referências

Barthes, R. (1966). *Crítica e Verdade*. Lisboa: Edições 70.

Bronckart, J. (2007). *Atividade de Linguagem: textos e discursos - por um interacionismo sociodiscursivo.* 2ª edição. São Paulo: educ.

Bronckart, J. (2006a). *Atividades da Linguagem, Discurso e Desenvolvimento Humano.* In Machado, A.; Matencio, M. (org) São Paulo: Mercado de Letras.

Bronckart, J. (2006b). Interacionismo Sócio-discursivo: uma entrevista com Jean Paul

Bronckart. *Revista Virtual de Estudos da Linguagem* – ReVEL. Vol. 4. nr. 6, março de. In <www.revel.inf.br>. Tradução de Haag, C. e Gabriel Othero. (Consultado em setembro de 2013).

Bronckart, J. (2005). *Os Géneros de Texto e Os Tipos de Discurso como Formato Das Interações de Desenvolvimento.* In *Análise do Discurso.* Lisboa: Hugin. pp. 39 -79.

Cavacas, F. (1994). *O Texto Literário e o Ensino da Língua, em Moçambique.* Lisboa/ Maputo: Edição da autora.

Ceia, C. (1999). *A Literatura Ensina-se? - Estudos de Teoria Literária.* Lisboa: Edições Colibri. Ceia, C. *S.v.* "Deconstrução". In Ceia, C. (coord.). *E-Dicionário de Termos Literários.* <http://www.edtl.com.pt>. (Consultado em Maio de 2011).

Ceia, C. *S.v.* Horizonte de Expectativas. In Ceia, C. (coord.). *E-Dicionário de Termos Literários*: <http://www.edtl.com.pt>. (Consultado em Maio de 2017).

Derrida, J. <http://plato.stanford.edu/archives/spr2014/entries/derrida/>. (Consultado em Maio de 2017).

Ducrot, O. & Todorov, T. (1982). *Dicionário das Ciências da Linguagem.* 6ª edição. Lisboa: Dom Quixote.

Guerra, I. (2006). *Pesquisa Qualitativa e Análise de Conteúdo: sentidos e formas de uso.* Parede: Principia.

Gomane, O. (2012). *Mecanismos de Estruturação Informacional em Textos "Expositivo-explicativos"* - O caso dos estudantes do 1° ano do Curso de Professores de Português da Universidade Pedagógica - Gaza. Tese de Doutoramento em Linguística Aplicada. Universidade Eduardo Mondlane. Maputo. (Não publicada).

Gonçalves, M; Zina, B. (2005). *Teoria da Literatura "Revisitada"*. Petrópolis: Editora Vozes.

Halliday, M. (2002). *Linguistic Studies of Text and Discourse.* New York: Continuum.

Horellou-lafarge, C.; Segré, M. (2010). *Sociologia da Leitura.* São Paulo: Ateliê.

Jauss, H. (1993). *A Literatura como Provocação: história da literatura como provocação literária.* 1ª edição. Lisboa: Vega. Tradução de CRUZ, Teresa.

Koch, I. (1997). *O Texto e a Construção dos Sentidos.* São Paulo: Contexto.

Laisse, S. (2015). Moçambique, *Surge et Ambula:* a interculturalidade no *corpus* literário obrigatório no Ensino Secundário Geral entre 2004 e 2011. Tese de Doutoramento em Estudos Portugueses, Especialidade em Literaturas e Culturas de Língua Portuguesa. Faculdade de Ciências Sociais e Humanas/Universidade Nova de Lisboa. (Não publicada).

Lopes, A. (2004). *A Batalha das Línguas: Perspectivas sobre Linguística Aplicada em Moçambique/The Battle of the Languages: Perspectives on Applied Linguistics in Mozambique.* Maputo: Imprensa Universitária.

Lopes, J. (2004). *Cultura Acústica e Letramento em Moçambique: em busca de fundamentos antropológicos para uma educação intercultural.* São Paulo. Educ. In<https://books.google.com.br/books?id=2FZp2RCnibEC&pg=PA4&lpg=PA4&dq=%E2%80%9DCultura+ac%C3%BAstica+e+letramento+em+Mo%C3%A7ambique:+em+busca+de+fundamentos+antropol%C3%B3gicos+para+uma+educa%C3%A7%C3%A3o+intercultural%E2%80%9D&source=bl&ots=TVeICh9nGb&sig=eSyPV7z16QUeXs3OGUwf81Nz4Dw&hl=ptBR&sa=X&ei=97IzVf3TKcSkNpXjgfAD&ved=0CCoQ6AEwAA#v=onepage&q=%E2%80%9DCultura%20ac%C3%BAstica%20e%20letramento%20em%20Mo%C3%A7ambique%3A%20em%20busca%20de%20fundamentos%20antropol%C3%B3gicos%20para%20uma%20educa%C3%A7%C3%A3o% 20intercultural%E2%80%9 D&f=false>. (Consultado em Maio de 2017).

[Martinho] Gale, A. (2011). *The Proteam Web: literature and ethnografy in lusofone África.* Lisboa: Colibri/CHC-FCSH.Neves, D. & Oliveira, V. (2001) *Sobre o texto: Contribuições Teóricas para Práticas Textuais*. Porto: Edições Asa.

Neves, M. (2004). *A Gramática Funcional.* São Paulo: Editora Martins Fontes.

Noa, F. (2012). Da Criação e da Crítica Literária: a cultura como valor apelativo e estruturante. In.: *Perto do Fragmento, a Totalidade: olhares sobre a literatura e o mundo.* Maputo: Ndjira.pp.14-23.

Norris, C. (1982). *Deconstruction: theory and practice.* London and New York: Methuen.

Rocher, G. (1991). *Sociologia Geral 4.* Lisboa: Editorial Presença.

Trigo, S. (1985). *Ensaios de Literatura Comparada Afro-luso-brasileira.* Lisboa: Vega Universidade.

Anexo I

Questionário alunos

Este questionário enquadra-se no âmbito de um estudo que cruza conhecimentos de linguística e de análise literária, com intuito de estimular, através da análise e interpretação de textos, as relações entre os diferentes grupos étnicos moçambicanos: a interculturalidade.

Parte I

Identificação

Local de preenchimento (Bairro, localidade, distrito ou província): __________

Nome da Escola em que frequenta ou frequentou a 12ª classe: ___________

---

1. Identificação
   - 1.1 Não precisa de indicar o seu nome.
   - 1.2 Idade: _____
   - 1.3 Grau de escolaridade/habilitações literárias: ___________
   - 1.4 Ocupação actual: _______________
   - 1.5 Onde reside e há quanto tempo? _______________________
   - 1.6 Província de origem: _______________
   - 1.7 Qual é o grupo étnico, a que pertence (qual é o seu grupo étnico de origem)? (Exemplos de alguns grupos étnicos de Moçambique: em Nhapulo (2010:39) encontramos anunciados os seguintes *grupos étnicos*: maconde (Norte de Cabo Delgado); macua-lomwé (Nampula, Cabo Delgado, Zambézia e Niassa); swahili (Cabo Delgado); yao (Niassa); nguni (Maputo, Gaza, Angónia e Tete); marave (Tete, Zambézia, e Niassa); shona (Tete, Sofala e Manica); complexo Zambeze (Sofala, Tete e Zambézia); bitonga (Inhambane); tsonga e shopi (Gaza e Inhambane); tsonga (Maputo): ____________________

Parte II

Sobre o papel da Literatura, no fomento da interculturalidade

1. A partir dos texto literário que recebeu reconhece a existência de diferentes grupos étnicos moçambicanos?

____

____

____

____

1.1 Quais são? ______________________________

____

2. De que modo é que, variando autores e tipos de texto que contenham representações culturais dos diferentes grupos étnicos moçambicanos, se pode fomentar a interculturalidade (relacionamento entre culturas)?

____

____

____

____

3. Nas aulas de Língua Portuguesa que actividade pedagógica ligada à literatura é que tem realizado, a fim de promover o relacionamento, entre pessoas de culturas diferentes? (descreva essa actividade).

____

____

____

____

3.1 Não existindo esse tipo de actividade o que sugeria que se fizesse?

____

____

Parte III

Modelo Apreensão de Sentidos e fomento da Consciência Intercultural

1. Faça o levantamento dos vocábulos mais significativos na sua apreensão do texto.

2. Que significado têm no dicionário?

3. Quais são os significado têm esses vocábulos no contexto do texto?

4. Que extrapolações culturais ou outros esses significados podem ter?

5. A partir desses vocábulos, anote que representações culturais identitárias moçambicanas sugerem.

6. Consulta, junto aos colegas7, ou pelo Google sobre o grupo étnico a que pertencem as representações culturais anotadas.Compara a função das culturas levantadas no texto.

   6.1 Compara a função das culturas levantadas no texto.

   Fonte: Gomane e Laisse (2017).

   Aleluia, A. (2011) *Contos do Fantástico*. Maputo: AEMO, colecção Karingana.

   anexo: um pequeno em chibuto

7. Num exercício em Sala de Aulas, a consulta poderia estender-se à de familiares e/ou anciãos da zona de residência onde o aluno vive, como trabalho de casa. A extrapolação de sentidos é maior, o que enriquece o trabalho.

9

ELEMENTOS DA NORMA CULTA DO PORTUGUÊS ANGOLANO: SISTEMAS VOCÁLICO E CONSONÂNTICO

Márcio Undolo

Introdução

O presente trabalho visa partilhar alguns resultados parciais de um projecto de investigação linguística em linha sobre o Português angolano, abreviadamente denominado PA, na sua variante culta, o que se designa aqui por norma culta do PA. Por economia de espaço, no conjunto de resultados parciais, serão apresentadas apenas algumas particularidades inerentes ao vocalismo e consonantismo. Em debate está a asserção segundo a qual, em Angola, está já em construção uma norma específica que vem regendo o comportamento linguístico dos falantes em contexto situacional formal de comunicação, desfasada da norma padrão do Português europeu, abreviadamente PE.

Sucede que, por um lado, nos termos da Constituição da República de Angola (artigo 19.º, n.º 1), o Português é a língua oficial, sem qualquer concorrente; de igual modo para o sistema de educação e ensino (Lei n.º 17/17, de 7 Outubro, artigo 16.º, sobre língua e ensino). E, por outro lado, enquanto tal, segue teoricamente a norma padrão do PE. Levantam-se, com efeito, conflitos que podem assumir diferentes valores: sociais, culturais, académicos, económicos, entre outros, uma vez que, se, em Portugal, se pode verificar proximidade considerável entre a norma culta e a norma padrão do PE; porém, em Angola, assiste-se ao afastamento assinalável e sistemático entre a norma culta do PA e a norma padrão do PE.

Defende-se que a norma padrão deve ser um meio de coesão nacional e cultural de um país soberano. E isto é o que sucede em Portugal, diferentemente do que acontece em Angola. No PA, apontando uma das principais marcas, note-se a tendência para a redução e/ou simplificação do sistema vocálico em posição átona; e em relação ao sistema consonântico, a tendência para um sistema mais complexo e numeroso do que o do PE, constituindo-se, nesta comunicação, como o objecto específico de análise.

Estruturalmente o presente trabalho desenvolve-se em três partes: (i) a primeira encerra o objecto de análise do nosso estudo, sendo no caso o vocalismo e o consonantismo da norma culta do PA. Além disso, a segunda parte apresenta os quadros-síntese de vogais e consoantes da norma culta do PA. E, por fim, a terceira parte explora o *corpus* de análise, procurando-se dar conta de características específicas à norma culta do PA.

Objecto de análise: vocalismo e consonantismo da Norma culta do PA

Um dos problemas com os quais nos vimos debatendo, referente aos estudos do PA, tem que ver com a diversidade dialectal. O Português não é, tal como sabido, uniforme do norte ao sul e do mar ao leste do território nacional angolano. As diferenças identificadas entre as variantes linguísticas do PA situam-se, quer ao nível da pronúncia, quer ao nível sintáctico e lexical. Avaliar os níveis de afastamento ou de proximidade entre elas é já um trabalho que se impõe. Com este foco, até ao momento, desconhecemos estudos contrastivos em Angola. Geralmente os estudiosos apresentam resultados de contrastes entre um dialecto (marginal) do PA e a norma padrão do PE.

Na segunda metade do século XIX, começam a surgir os primeiros estudos que assinalam características do PA. Da Independência de Angola, a 11 de Novembro de 1975, até à actualidade, destacando-se o período de 1983 a 2014, no que ao domínio da pronúncia diz respeito, a maioria dos estudiosos do PA dedicou-se à análise contrastiva entre a norma padrão do PE e o PA popular. Citem-se, como exemplo, os trabalhos de Marques (1983), Carrasco (1988) e Mingas (2000). Nota-se que, para estes autores, não era uma preocupação o estudo das variedades por pares, contrastando o PA popular com o Português popular de Portugal, uma vez que o Português em Portugal não é também uniforme em todo o seu território nacional.

Para o estudo do PE, a descrição que se segue tem em conta a pronúncia do dialecto de Lisboa, por esta ser coincidente com a norma padrão do PE, tal como é descrita na *Gramática* de Mateus *et al.* (2003, p.17), defensora da linguística generativa transformacional. Em Angola, é-nos difícil, neste momento, apontar Luanda – capital de Angola, embora seja a zona de maior prestígio económico e político, como determinante no modelo linguístico nacional em formação. Aliás, Luanda tem partilhado um outro prestígio – o cultural, com o centro urbano do Lubango, principalmente. Entenda-se *cultural* como sendo relativo a "desenvolvimento intelectual".

Como sabido, nos termos da Constituição da República de Angola, o Português é a única língua oficial (artigo 19.º, n.º 1); e, enquanto tal, supõe-se que é na norma padrão do PE que se realiza. Na prática, aquilo que funciona é ao que se pode chamar de norma culta do PA em formação.

Nesta perspectiva, e conforme o sentido de norma empregue no presente trabalho – o de modelo real ou norma culta, frequentemente usada pelas camadas mais escolarizadas da sociedade angolana, Mateus & Cardeira (2007, p.24) distinguem a norma padrão (modelo ideal) da norma culta (modelo real) com o traço característico <+democrático> ou <-democrático>, referindo que aquela, ao contrário desta última, não é democrática. Acrescentam que "é certo que o padrão pode coincidir com uma determinada variedade geográfica mas mais frequentemente correspondente ao dialecto da classe social de maior prestígio" (Mateus & Cardeira, *ibid.*).

Se no PE as duas normas, a ideal e a real, estão muito próximas, tal não acontece, porém, no PA. Em Angola, a norma culta vem-se demarcando já da norma padrão. Em geral, "os padrões de comportamento linguístico dos falantes da comunidade que têm formação escolar e maior prestígio social [é que] constituem a norma culta" (Mateus & Cardeira, *ibid.*). Verifica-se, na classe mais instruída ou culturalmente mais desenvolvida, a tendência para assunção de um certo comportamento linguístico uniforme em contexto situacional formal de comunicação, geralmente em rádio e em TV.

Lembre-se Fromkin & Rodman (1993, p.274) segundo o qual "Quando comparamos o inglês americano com o inglês britânico comparamos o SAE com o inglês falado pelos britânicos cultos, denominado RP ou Received Pronunciation". No caso de Angola, estudos mais recentes mostram que a competência dos falantes revela, pois, a existência de uma nova norma em estado avançado de construção, que se afasta notavelmente da norma europeia (Adriano, 2014; Undolo, 2014; 2016).

Em virtude de não dispormos de muito espaço para apresentação de factos linguísticos sobre o PA, neste texto dedicámo-nos ao estudo de variações de elementos fonéticos. Neste sentido da variação fonética, consideraremos variantes vocálicas e consonânticas específicas.

Sons da norma culta do PA: critérios metodológicos de levantamento

Trata-se da norma culta, ou seja, do Português falado por indivíduos cultos da sociedade angolana, geralmente em contexto situacional formal de comunicação. Entendemos que é neste contexto, com indivíduos cultos, que se deve proceder ao levantamento de dados linguísticos para conhecimento da norma culta. E, na ausência de uma norma padrão oficial de matriz angolana, os estudos contrastivos devem fazer-se entre a norma culta do PA e a norma padrão do PE, e não entre esta norma e a do popular do PA. Assim, este pressuposto constitui, para nós, um dos principais critérios metodológicos.

Previamente constituímos um *corpus* de análise, por meio de gravação áudio da oralidade de falantes, registada em programas de rádio e TV de destaque da comunicação social angolana, designadamente noticiosos e culturais (de carácter eminentemente informativo), tais como: o 10-12 e o Janela Aberta da Televisão Pública de Angola (TPA), o informativo do Noticiário das 13 horas da Rádio Nacional de Angola (RNA).

Vogais da norma culta do PA

Para já, verifica-se que o quadro diferenciador entre as duas normas incide sobre o vocalismo átono e consonantismo nasal, principalmente. Neste particular, na norma culta do PA, assiste-se a uma tendência para a estabilização da redução do número de ocorrências de vogais átonas. Se na norma padrão do PE, as vogais átonas são [i, ɨ, ɐ, u]; porém, na norma culta do PA, é notoriamente menos uma. Trata-se da vogal [ɐ]. A vogal [ɨ] realiza-se cada vez menos, e quando sim, em circunstâncias de contexto muito específico – geralmente, em posição átona final. Notem-se, por exemplo, os seguintes casos:

Em síntese, na classificação apoiada em Emiliano (2009, pp. 27-37), as vogais da norma padrão do PE podem ser classificadas a partir dos seguintes parâmetros referentes ao tracto vocal supralaríngeo:

a. estado do véu palatino, podendo ser oral ou nasal;
b. avanço/recuo do dorso da língua, podendo ser palatal, central e velar;
c. abertura do dorso da língua, podendo ser aberta, média-aberta e fechada;
d. posição dos lábios, podendo ser arredondadas ou não arredondadas.

Parâmetros e classificação

Parâmetros	Classificação	
estado do véu palatino	Orais	a, e, ɛ, i, ɨ, o, ɔ, u
	Nasais	ã, ẽ,/ĩ, õ, ũ
avanço/recuo do dorso da língua	Palatais	i, e, ɛ ĩ, ẽ
	Centrais	a, ɨ ã
	Velares	o, ɔ, u õ, ũ
abertura do dorso da língua	Abertas	a, ɛ, ɔ, ã
	média ou média-abertas	e, o ẽ, õ
	Fechadas	i, ɨ, u ĩ, ũ
posição dos lábios	Arredondadas	o, ɔ, u õ, ũ
	não arredondadas	a, e, ɛ, i, ɨ ã, ẽ, ĩ

Quanto ao grau de abertura ou fechamento, em geral as vogais da norma do PA podem ser abertas, médias ou média-abertas, e fechadas. Quanto ao ponto de articulação, podem ser: palatais, centrais e velares. Quanto à posição do véu palatino, podem ser orais e nasais. E quanto à posição dos lábios, arredondadas e não arredondadas.

Consoantes da norma culta do PA

Neste particular, também se pode apontar como diferença entre as duas normas, a partir do movimento que se realiza com alguns articuladores de produção de fala, destacando-se os lábios, detentores do papel de obstruir parcial ou totalmente a passagem do fluxo de ar para o exterior, verificando, pois, um movimento tendente a ser mais de afastamento do que de aproximação entre os dois lábios.

A partir de alguns parâmetros articulatórios básicos, tais como: o modo e ponto de articulação classificam-se as consoantes da norma culta do PA. "Tanto o modo quanto o ponto de articulação estão relacionados com propriedades articulatórias dos sons que resultam da forma como o ar, expelido dos pulmões, é modulado na cavidade oral e, por vezes, na cavidade nasal (sons nasais)" (Mateus, 2003, p.997).

Parâmetros e classificação

Parâmetros	Classificação	
modo de articulação	oclusivas	p, b, k, g, t, d
	fricativas	f, v, s, z, ʃ, ʒ
	líquidas	r, R, λ, l
	nasais	m, n, ɲ, ᵐb, ⁿd, ⁿz, ⁿʒ, ⁿg
ponto de articulação	bilabiais	p, b, m, ᵐb
	labio-dentais	f/, v
	alveolares	n, r, l
	dentais	s, z, ⁿz
	linguodentais	t, d, ⁿd
	pré-palatais	ʃ, ʒ, ⁿʒ
	Palatais	ɲ, λ
	Velares	k, g, ⁿg
	Uvular	R

Análise do *corpus*

Descrição de vogais

Uma parte do nosso *corpus* de análise permite-nos verificar um conjunto de elementos característicos, ao nível fónico, ocorrentes na oralidade de indivíduos cultos angolanos e que revelam, de certo modo, o seu sistema fonético.

Na norma padrão do PE, existem catorze vogais contra as treze vogais da norma culta do PA, registando-se, ainda, outras diferenças em função da posição: tónica, átona, pré-tónica ou postónica e átona final. Por razões de gestão de espaço que se nos impõe, vamos apenas trabalhar com quatro casos de registos da oralidade dos falantes que constituem a amostra do nosso estudo.

[ɐ] vogal oral central média

Norma culta do PA: (1) [a'kɛlaʃ 'keȷʃaØ ki 'temuʃ vĩdu a Resebɛr]

Norma padrão do PE: (1) [ɐ'kɛlɐʃ 'kɐȷʃɐʃ kɨ 'temuʃ vĩdu ɐ Rɨsɨber]

Do nosso *corpus* de análise, ao contrário do que se verifica na norma padrão do PE, ainda estamos por encontrar a realização da vogal oral central média em posição átona final. Até ao momento, aquilo que nos parece existir é que aquela vogal deu lugar à vogal central aberta [**a**] na norma culta do PA.

[ɨ] vogal oral central fechada

Norma culta do PA: (2) ['komu Rezuɫ'tadu, a 'taʃa dɨ okupa'sãw daʃ uni'dadiʃ ɔte'lejraʃ ka'iw 'para]

Norma padrão do PE: (2) ['komu Rɨzuɫ'tadu, ɐ 'taʃɐ dɨ ɔkupɐ'sɐ̃w dɐʃ_ uni'dadɨʃ ɔtɨ'lɐjrɐʃ kɐ'iw 'pɐrɐ]

A vogal oral central fechada /ɨ/ restringe-se em posição átona final, ou em alguns monossílabos. Uma vez mais, sustenta-se a tese de que, em virtude de ocorrerem mais vogais em posição tónica, a abertura excessiva das vogais na sua realização contribui para a simplificação do seu sistema fonológico. Em geral, na norma culta do PA, predomina a ocorrência de vogais centrais abertas em detrimento das fechadas. Aliás, tal como referido anteriormente, a vogal oral central média não se regista.

/ã/ vogal nasal central aberta

Norma culta do PA: (3) ['ɛbu, aʃ kri'ãsaØ ki 'naʃsẽ de'pojʃ di dɛʃ 'mɛziʃ]

Norma padrão do PE: (3) ['ɛbu, ɐʃ kriɐ̃sɐʃ kɨ 'naʃsẽ dɨpojʃ dɨ dɛʃ mɛzɨʃ]

Não se verificam apenas diferenças, mas também semelhanças. No entanto, precisaremos de mais estudos para confirmarmos em que casos mais específicos se registam as semelhanças. Já que se observa que, em geral, no sistema fonético, se realizam mais vogais em posição tónica do que em posição átona. O que significa que, quando na norma padrão do PE ocorre uma vogal fechada, na norma culta do PA ocorre uma média; e quando é uma média na norma padrão do PE, ocorre uma aberta ou, pelo menos, média-aberta, na norma culta do PA.

A vogal nasal central aberta é uma exclusividade da norma culta do PA. E este facto sustenta a tese de que, em virtude de ocorrer mais vogais em posição tónica, a abertura excessiva das vogais na sua realização contribui para a simplificação do seu sistema fonológico.

Descrição de consoantes

Seleccionámos apenas três consoantes para dar conta de algumas particularidades da norma do PA, de entre as 24 contra as 19 da norma padrão do PE.

[ʃ] consoante fricativa pré-palatal

Norma culta do PA: (3) ['ɛbu, aʃ kri'ãsaØ ki 'naʃsẽ de'pojʃ di dɛʃ 'mɛziʃ]

Norma padrão do PE: (3) ['ɛbu, ɐʃ kriɐ̃sɐʃ kɨ 'naʃsẽ dɨpojʃ dɨ dɛʃ mɛzɨʃ]

Geralmente a sua realização pode dar lugar à semivogal [j]. Quando não, prevalece a pré-palatal mas, abafando a fricativa alveolar [s] seguinte.

Norma culta do PA: [aʃ kri'ãsaØ ki 'najsẽ / aʃ kri'ãsaØ ki 'naʃẽ]

[ᵐb] consoante nasal bilabial

Norma culta do PA: (4) [kõ a pa'lɛʃtra ki ʒũ'tow uʃ eʃtu'dãtiʃ i a socje'dadɨ si'vił na si'dadɨ dɨ 'ᵐbãza 'kõngu]

Norma padrão do PE: (4) [kõ a pɐ'lɛʃtrɐ kɨ ʒũ'tow uʃ iʃtu'dãtɨʃ i ɐ sucjɐ'dadɨ si'vił nɐ si'dadɨ dɨ Ø]

Além deste fenómeno, encontramos um conjunto de consoantes nasais específicas do PA, que se juntam as já existentes no PE. Isto decorre do facto de o PA incorporar certos vocábulos das línguas bantu, designativos de realidades, ideologias, crenças, localidades, património, etc., próprios da angolanidade. Trata-se de cinco consoantes nasais: [^{m}b], [^{n}d], [^{n}z], [^{n}ʒ], [^{n}g].

Estrutura Típica da Sílaba na Norma Culta do PA

Uma das particularidades também notória na norma culta do PA é a tendência para se estabelecer a sequência consoante-vogal como estrutura típica da sílaba. Note-se, porém, ser esta uma particularidade extensiva à norma popular do PA, sendo nesta última norma um aspecto mais sobressaído. Este fenómeno introduz uma vogal, podendo ser a vogal [e] ou a vogal [i]. Com efeito, desencadeia a destruição de grupos consonantais, tais como nos seguintes casos:

[pn] e [ps]

PA: [penewmo'nia] <peneumonia>, [penewmɔpɐ'tia] <peneumopatia>,

[pisikolo'gia] <pisicologia>, [pisica'nalizi] <pisicanálise>

PE: [pnewmu'niɐ] <pneumonia>, [pnewmɔpɐ'tiɐ] <pneumopatia>

[psikulu'giɐ] <psicologia>, [psicɐ'nalizɨ] <psicanálise>

[bl], [bs], [bt]

PA: [bilĩ'dadu] <bilindado>, [bu'luzɐ] <bulusa>,

[ɔbiʃtru'ir] <obistruir>; [ɔbi'ter] <obiter>

PE: [blĩ'dadu] <blindado>, ['bluzɐ] <blusa>

[ɔbʃtru'ir] <obstruir>, [ɔb'ter] <obter>

[tm], [tn]

PA: ['Ritimu] <ritimo>, [ɛtinugrɐ'fia] <etinografia>

PE: ['Ritmu] <ritmo>, [ɛtnugrɐ'fiɐ] <etnografia>

[dv], [dm], [dk]

PA: [adiver'tẽsja] <adivertência>, [adivo'gadu] <adivogado>

[adimirar] <adimirar>, [adiki'rir] <adiquirir>

PE: [ɐdvɨr'tẽsjɐ] <advertência>, [ɐdvu'gadu] <advogado>

[ɐdmirar] <admirar>, [ɐdki'rir] <adquirir>

[gn]

PA: ['diginu] <diguino>, [diginifi'kar] <diguinificar>

PE: ['dignu] <digno>, [dignifi'kar] <dignificar>

Em todos os casos, verifica-se que a vogal [i] é a mais frequente como vogal epentética. A partir dos nossos dados, podemos inferir que a regra geral que se estabelece é que a intercalação vocálica ocorre com os seguintes ataques complexos:

[pn] – oclusiva bilabial com a nasal alveolar;

[ps] – oclusiva bilabial com a fricativa dental;

[bl] – oclusiva bilabial com a líquida alveolar;

[bs] – oclusiva bilabial com a fricativa dental;

[bt] – oclusiva bilabial com a oclusiva dental;

[tm] – oclusiva dental com a nasal bilabial;

[tn] – oclusiva linguodental com a nasal alveolar;

[dv] – oclusiva linguodental com a fricativa labio-dental;

[dm] – oclusiva linguodental com a nasal bilabial;

[dk] – oclusiva linguodental com a oclusiva velar;

[gn] – oclusiva velar com a nasal alveolar.

Esta situação evidencia haver patente uma estratégia que assegura a conservação daquela que é, em primeiro lugar, uma característica das línguas bantu faladas em Angola (e não só), tais como: o kimbundu, o umbundu, o ngangela, o nyaneka, etc. Nestas línguas, a estrutura silábica é composta por consoante-vogal, tal como atrás referido. Veja-se abaixo a árvore que permite visualizar a organização hierárquica da sílaba nas línguas bantu. Tome-se um exemplo do kimbundu com o nome *maka* (que significa <problema>):

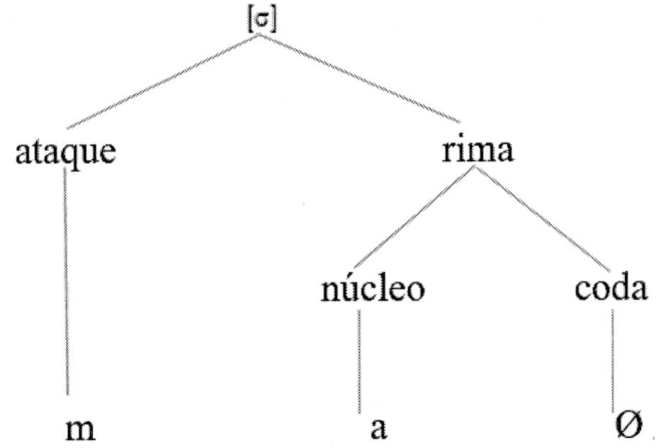

Acreditamos que esta estrutura explica a tendência para a destruição dos ataques complexos, tais como se apresentam na norma padrão do PE. Nesta árvore, o fenómeno ocorre no ataque quando se regista um ataque complexo, isto é, preenchido por mais do que uma consoante, tal como nos casos anteriormente apresentados.

Note-se ainda um caso frequente de coda como na seguinte ocorrência:

Norma padrão do PE: [pɨrʃ-pɛk'tivɐ]
Norma culta do PA: [periʃ-pɛk'tiva]

Quer dizer, se na norma padrão do PE ocorre, no caso destacado em negrito, uma coda ramificada; na norma culta do PA tal é destruído tendencialmente. Por outro lado, não raro se verificam efeitos de monotongação e/ou ditongação, sempre em contraste com o que temos na norma padrão do PE.

Na Língua Portuguesa, um núcleo silábico contém necessariamente uma vogal. Todas as vogais podem suceder nesta posição silábica. Todavia, na norma culta do PA, assiste-se a tendência para a ramificação do núcleo, quando na norma padrão ocorre núcleo não ramificado.

Norma culta do PA: [periʃpi-'k**aj**ʃ]

Norma padrão do PE: [pɨrʃpi-'k**ɐ**ʃ]

Considerações Finais

Um dos aspectos que se pode adiantar é a tendência para se pronunciar as vogais átonas da norma padrão do PE como vogais abertas, médias ou média-abertas na norma culta do PA. Estão neste caso a vogal [ɨ] que, geralmente, dá lugar à vogal [e]; e a vogal [ɐ], até agora desconhecida em registos da oralidade de falantes cultos da nossa amostra, substituída pela vogal [a]. A vogal [e] é, geralmente, substituída pela vogal [ɛ].

O sistema fonológico do PA apresenta elementos nasais diferentes daquilo que caracteriza o PE. E se verifica que se, por um lado, o sistema do PA é mais simplificado pela redução de sons no quadro de vogais; porém, por outro lado, é mais complexo no quadro das consoantes, registando-se um aumento entre as nasais.

A unidade prosódica sílaba conhece uma estrutura interna organizada diferentemente hierarquizada em alguns casos, por oposição ao que sucede na norma padrão do PE. A tendência vai para a realização de consoante-vogal, o que desencadeia, geralmente, a destruição dos ataques complexos.

Ainda assim, destaque-se uma semelhança: quer na norma padrão do PE, quer na norma culta do PA, o núcleo é sempre preenchido por uma vogal, o que significa que a consoante, por si só, não forma uma sílaba. Todas as consoantes podem, isoladamente, constituir ataque de sílaba, isto é, no início ou no meio do vocábulo, exceptuando a consoante [r] em início de vocábulo. Embora se admita em alguns dialectos do PA. Cite-se, por exemplo, o dialecto do Português do Leste de Angola, no seguinte caso: [**r**a'paʃ].

Se na norma padrão do PE, a supressão de [ɨ] depois de consoante e antes de final de vocábulo dá lugar à ocorrência de todas a s consoantes em coda (Mateus *e tal.*, 2003:1047); contudo, na norma culta do PA, regista-se, geralmente, em substituição daquela vogal central fechada, a vogal palatal média [e]. Num estudo próximo, dedicar-nos-emos à análise das vogais médias e médias-abertas. Pois, chamamos médias aquelas que são altas, e médias-abertas, aquelas que são baixas.

Como é sabido, determinados factores podem explicar este fenómeno. Cite-se, como exemplo, a influência de traços de uma ou de outra língua bantu específica; a influência da educação linguística nas escolas e/ou nas famílias, marcadas por diferentes dialectos do PA.

Com este estudo, procurámos evidenciar, sobretudo, algumas particularidades muito específicas à norma culta do PA que se assistem nos quadros vocálicos e consonânticos. O estudo é, ainda, incipiente, embora se confirme pelo dia-a-dia dos falantes, em diversos contextos situacionais formais de comunicação. Acrescente-se como uma das grandes dificuldades a exiguidade de estudos sobre esta matéria, no que à norma culta do PA diz respeito.

Referências

Adriano, Paulino Soma. (2014). *Tratamento Morfossintáctico de Expressões e Estruturas Frásicas do Português em Angola*. Tese de doutoramento, Universidade de Évora.

Carrasco, Agnelo. (1988). *Subsídios para o Estabelecimento da Norma do Português em Angola.* (Monografia de licenciatura). Lubango: Instituto Superior de Ciências da Educação.

Fromkin, Victoria & Rodman, Robert. (1993). *Introdução à Linguagem.* Coimbra: Almedina.

Emiliano, António. (2009). *Fonética do Português Europeu: descrição e transcrição.* Lisboa: Guimarães Editores.

Marques, Irene Guerra. (1983). Algumas Reflexões sobre a problemática Linguística em Angola. *Congresso sobre a Situação Actual da Língua Portuguesa no Mundo*, vol. I. Lisboa: Instituto de Cultura e Língua Portuguesa.

Mingas, Amélia A. (2000). *Interferência do Kimbundu no Português Falado em Lwanda.* Luanda: Edições CHÁ DE CACHINDE.

Mateus, Maria Helena Mira *et al.* (2003). *Gramática da Língua Portuguesa.* Lisboa: Editorial Caminho.

Mateus, Maria Helena Mira & Cardeira, Esperança. (2007). *Norma e Variação.* Lisboa: Caminho.

Undolo, Márcio. (2016). A *Norma do Português em Angola: subsídios para o seu estudo.* Caxito: ESP-Bengo.

Undolo, Márcio. (2014). Caracterização do Sistema Vocálico do Português Culto Falado em Angola. *Revista de Filología Románica,* ISSN: 0212-999X, vol. 31, num. 2, 181-187, http://dx.doi.org/10.5209/rev_RFRM.2014.v31.n2.51071

10

THE TEACHING OF THE PORTUGUESE LANGUAGE IN MÉXICO: INTERCULTURALITY AND THE USE OF THE IT'S: INTERNET VIA RADIO TO BRING CULTURES TOGETHER

Rodrigo Florencio da Silva

Introduction

The present world has unique characteristics such as the intercultural communication, the vertiginous rhythm of technological advances and internalization processes. These circumstances pose the need of an international society of learning foreign languages to have proper access to our globalized world as modern enterprises have profiles of workers which demand the command of foreign languages.

In México, both universities and language schools increase steadily they offer of extra-curricular foreign language courses at affordable prices both for their educative community as well as the society in general. Many chances have the chance or learning foreign languages, such as Portuguese, which give students chances of access to the present world.

According to Johnson (2008), learning a foreign language provides invaluable opportunities for the social, cultural and cognitive development of students as it diminishes etno-centrism and allows students to appreciate and respect the value of their own world and at the same time to develop respect for other cultures. Learning foreign languages fosters in students the respect and appreciation of plurality and the differences among cultures both in their environment as in the globalized world.

Learning a language helps students in the practice of social interactions and in the bargaining of meanings. It also improves their abilities to establish new relations with other people as well as succeeding in new novel unexpected situations.

As Argudín puts it (2005), during the process of learning a foreign language different competences are developed and the individual increases his self-awareness of how he is learning. The student develops a greater linguistic self-consciousness, which results in a monitoring of the target language, the native speakers of the target language and the culture they live in. As a consequence, the process also augments the social consciousness reflected in the target language.

During the process of approaching a new language, new knowledge which surpasses the linguistic local and scopes is acquired. As an example, a student can use information printed in a foreign language to learn about his own regional reality and the world around him so that he can make decisions which can affect his own environment. The knowledge of a foreign language contributes to the formation of new concepts, to the logical thinking and the development of creativity.

Apart from all the opportunities which open to a student learning a new language as mentioned above, learning foreign languages has become an important tool for education as they are a strategic communication tool in different areas of the human development as they stimulate the student to open his mind, accept and understand new cultures, and promote exchanges among different cultures.

Thos work aims at presenting the teaching of the Portuguese language in México, in particular in the Center of Foreign Languages (Centro de Lenguas Extranjeras - Zacatenco) of the National Polytechnic Institute (IPN) by means of IT's and Internet via radio to facilitate the development of linguistic abilities and promote inter-culturality.

The courses of Portuguese, academic events and certification of the language in México

There are different schools in México which offer Portuguese as a foreign language for their students' community. The number of students in public and private schools is estimated above 15 millions. This figure also includes the students of Portuguese supported by enterprises which offer courses for their workers. The main institutions which offer Portuguese as a foreign language are the Facultad de Estudios Superiores (FES) Acatlán with 950 students in its weekly and Saturday courses; Casa do Brasil – Grupo Figa with 500 students in their weekly, Saturday and Sunday courses; Cenlex Zacatenco with 400 students in their weekly, Saturday and Sunday courses; Centro Cultural México – Brasil of the Brazilian Embassy, with 200 students in its weekly and Saturday courses; Centro de Enseñanza de Lenguas Extranjeras (CELE) of the Universidad Juárez Autónoma de Tabasco with 200 students in its weekly courses and the Language Centers of the Universidad Autónoma de Baja California with 150 students.

According to a bulletin of the Dirección General de Comunicación Social of the UNAM (2013), the National University of México (UNAM) opened the Bachelor's Degree in Modern Languages and Literature – Portuguese Letters. Here it is important to mention that this university also offers a course to form teachers in foreign languages and cultures (CFPLC) which is addresses to people interested in having a formation as foreign language teachers or to those docents interested in improving their skills as language teachers.

In order to promote the Portuguese language and its culture the governments of Brazil and Portugal have opened the following cathedras:

- The Sergio Buarque de Holanda Cathedra located in the Instituto Mora in México City which focuses on social studies and aims at accounting for the themes which constitute the politic, sociologic debate in Brazil along with its historical process.
- The Manuel de Barros Cathedra, located in the Center of Foreign Languages (CENLEX Zacatenco) of the National Polytechnic Institute, opened in 2013. The main objective of this cathedra is to promote the Brazilian culture and the Portuguese language.
- The Florestan Fernandes Cathedra of Studies of the History and Society of Brazil, coordinated by the Colegio de México (COLMEX) which has the sociologic study as main objective.
- Joao Guimaraes Rosa Extraordinary Cathedra, created in 1987 in the Faculty of Letters and Literature of the National University of México. Its main objective is to open a proper space to deepen in the study of the life, works and social environment of Guimaraes Rosa and Brazilian Culture as well.

The Centro de Lenguas Extranjeras – Cenlex Zacatenco opened in 2010 the Portuguese Language Week, an annual event which has as main purpose the promotion of the Portuguese language. Writers such as Luiz Ruffato, María Ester Maciel, Manuel Ricardo de Lima and César Borges Magalhanes have participated in past editions of this event.

In August 2017, the 8th edition of the International Congress of the Teaching of Portuguese – CIPLE and the VI Symposium of the Teaching of Portuguese for Spanish Speakers took place in México City. The main objective of those events is to foster a space for dialog and to share the experiences related to the teaching of Portuguese as foreign language.

In México, two certifications of the Portuguese language are offered: the Certificate of Proficiency in Portuguese Language for Foreigners – Celpe-Bras of the Brazilian Government and a Certificate of the Portuguese Government which is responsibility of the Center of Evaluation of the Portuguese Language as Foreign Language CAPLE.

Celpe – Bras has as main objective to evaluate the competences in the oral and written use of the Brazilian Portuguese through communicative tasks. This certification takes place twice a year and is divided into four parts:

- ❖ Intermediate
- ❖ Upper Intermediate
- ❖ Advanced
- ❖ Upper Advances

The Celpe – Bras certification began in México in the Cultural Center Brazil México. As the number of applicants was high, other certification centers were opened in Cenlex Zacatenco and the Casa de Brasil. According to the inscription records of applicants for the Celpe – Bras exam by the National Institute for Educational Studies and Research Anísio Teixeira (INEP) 2017, which is the organization responsible for this certification, from the second semester of 2014 to the first semester of 2017, 1337 students applied for a certification.

The certification of the Portuguese government is given in the Instituto Guimaraes which is located in the Center of Languages – CELE of the National Autonomous University of México. This certification is given twice a year, one in each semester. This certification consists of five levels which are

- ❖ Initial Certificate of Portuguese as Foreign Language – CIPLE

- Elemental Diploma of Portuguese as Foreign Language – DEPLE
- Intermediate Diploma of Portuguese as Foreign Language – DIPLE
- Advanced Diploma of Portuguese as Foreign Language – DAPLE
- University Diploma of Portuguese as Foreign Language – DUPLE

The Interest in Learning the Language

The courses of Portuguese in México are an excellent offer in the field of foreign languages to answer the needs posed by the international context. Their goal is to develop the general competences of communication and autonomy as well as the aspects of interculturality.

As the dynamism of the Brazilian economy increases and several international sports events took place in Brazil the interest in learning Portuguese grew in students in Mexican universities.

In order to write this article the main reasons to learn Portuguese have been researched. These are the conclusions:

- Portuguese is the official language in eight countries in four continents (Angola, Brazil, Cabo Verde, Guinea Bissao, Portugal, Mozambique, Sao Tomé y Príncipe and Timor Oriental). According to the newpaper Mundo Luísiada (2015) the Portuguese language is spoken by more than 250 million people all over the world which makes it the fifth language spoken in the world and the sixth more widely spread. For Hispanic people this language is closely related to Spanish since they have a common origin which makes Portuguese a language easy to learn. There are numerous educational, commercial and political exchanges between México and Brazil and between México and Portugal. Presently, the Portuguese language is a tool which serves the integration of Latin America, particularly in South America. Today, Brazil is one of the countries which receives more visitors per year and Mozambique is becoming popular touristic attraction in Africa.
- Mexicans learn Portuguese to visit Brazil as they need no visa since May 2013 as they can stay legally in the country for up to 90 days.
- In the specific Mexican context, its relation with countries where Portuguese is the official language goes through different paths. For instance, Portugal is a great producer of wine as it is the Northern Mexican state of Baja California which makes wine a convergence point for both countries.

- The development of micro technology is another important aspect as the recent growth in the engineering fields in México has a fundamental role in the formation of specialized engineers.
- Perhaps one of the most frequent answers students give when questioned about their reasons to learn Portuguese is the great similarity they find between Mexican culture and the culture of Portuguese speaking countries.
- Another important motivation for students to learn Portuguese as a foreign language is the possibility of taking part in a process of exchange or mobility to a Brazilian or Portuguese university. Most of the students enrolled in the Portuguese courses in Cenlex Zacatenco are already doing a bachelor's degree in some field of engineering. In this context, it has been observed an increase in the number of students who apply for an exchange program with a Portuguese speaking country after the courses were opened. According to data provided by the Academic Cooperation office of the IPN (2017), up to June 2017, more than 600 students from the IPN have taken part in exchange programs with Brazil and Portugal. This is the interest of Mexican students to learn Portuguese is real.

Activities aimed at bringing cultures together

In México, the best known cultural events of Brazil are the Rio de Janeiro Carnival, the Samba and Football. The teaching institutions carry out different cultural activities to make students get in touch with Portuguese speaking countries.

For García-Benito (2002) it is fundamental that languages be taught in the context of cultural activities to strengthen the development of socio-cultural competences in students, thus generating reflections about the importance of the culture of a country at the moment of learning its language.

Some of the most important activities and cultural events carried out at CENLEX Zacatenco are.

- The "Festa Junina", which is one of the most important fiestas in Brazil, takes place during the months of June and July and celebrates Saint Anthony, Saint John and Saint Peter. In recent years the Junine Fiesta has begun to gain popularity in some states of Mexico thanks to its promotion by docents.

Fig. 1. Quadrilha junina, a popular dance. (Image cred. Rodrigo Florencio)

Fig. 2. Forró Dance, a rhythm of Norwest of Brazil. (Image cred. Rodrigo Florencio)

- Diffusion of the Brazilian culture through different fiestas of Carnival. Here, one of the most important expressions is Maracatu, which has its origins in the state of Pernambuco. The students of CENLEX had the chance to learn about this Brazilian festivity. They could also take part in a typical parade of Maracatu which took place in the International Fair of Cultures in México City. This fair takes place every year. The students could also get in touch with other ways of celebrating Carnival different from those usually portrayed on TV. This is the street carnival or the "carnival de blocos" (blocks). This kind of celebration is formed by people who disguise themselves according to some popular themes. They are also accompanied by a band which plays different kinds of folk music from Brazil as well as the "marchinhas" (little marches) a popular music genre in Brazil.

Fig. 3. A maracatu parede with students. (Image cred. Rodrigo Florencio)

Fig. 4. A block of carnival in the street. (Image cred. Rodrigo Florencio)

- The lessons of gastronomy are very important in the teaching of a language as they help the student approach the culture of the target language. In this way the student can earn the customs, traditions and lifestyles of the people who speak the target language.

Fig. 5. Gastronomy lesson.
(Image cred. Rodrigo Florencio)

Fig. 6. Gastronomy lesson.
(Image cred. Rodrigo Florencio)

The Day of Love. An activity was done in the language center of the National Polytechnic Institute to let students know about the Day of Love in Brazil as students were curious about the fact that it is celebrated on June 12th in Brazil whereas it is celebrated on February 14th in Portugal, Angola and all other countries in the world. In order to approach the theme in a ludic and theatrical way the student community organized an event to let people know about this celebration and its relation to Saint Anthony.

Figure 7. An event about the Day of love. (Image cred. Rodrigo Florencio)

Figure 8. A personification of Saint Anthony. (Image cred. Rodrigo Florencio)

Using Youtube and Skype in the teaching of languages

Youtube is a website where people can upload and share videos. This platform has gained a prominent position as a source of information which people use to know about news and entertainment among many other topics, either generated by other citizens or the established media. For DeWitt et al (2013) Youtube can be used to generate knowledge through observations and interactions. At school, particularly in the language school we can turn Youtube into a fundamental tool to support the language docent in his lessons since there are more and more students who use the Internet to learn foreign languages.

Skype is a tool which allows us to communicate with people from all around the world both in a spoken and written way. For this reason, Skype can be a very interesting tool to use in language lessons and to communicate with other language centers and improve both the communicative and digital competences of students.

According to Guichon and Cohen (2013) Skype provides a new cultural tool with a high potential to shape the way in which a variety of voices interact in novel situations through different means of communication.

Skype has a high potential to be used in the classroom but much of it remains unexplored. One advantage of this tool is that language teachers can invite lecturers from diverse parts of the world to talk to their students or simply make phone calls to show students how to develop in real situations. Also, language teachers can join through Skype lessons in progress in other parts of the world. Art and literature teachers can get to talk to writers and artists whose works their students are reading or studying.

The Skype program can be used in the language lesson in different ways helping students improve their oral and communicative competences. In such way, it is possible, for example, to talk to Portuguese speaking people about their traditions, culture, etc.

Online radio as a support to the Portuguese language lessons

This research presents a pedagogical practice done in the Informatics laboratory in CENLEX Zacatenco with the purpose of making students connect to different online radios so that they can learn about their contents so that they can listen, record and practice thus practicing the Portuguese language and getting familiarized with the different accents of Brazil and Portugal.

During the research practice described here two questionnaires were given to 100 students of level 5 who visited the informatics laboratory. The questionnaires aimed at understanding the habits and knowledge of the students about the activities once they got connected to the Internet. They also intended to show how the use of online radio can help the learning of Portuguese by Spanish speaking students as they approach the target language culture. We wanted to know what kind of programs and what specific programs students chose.

The sessions in the informatics laboratory usually lasted 30 and took place 36 times. Every student worked with a computer and a set of headphones to connect to the Internet. The students had to access the website of the radio station Nova Brasil FM [1]for about an hour to listen to the songs, news and interviews. The students were asked to listen to the news and read their transcriptions which were available on the page of the radio station.

1. Nova Brasil FM is a group of radio stations which only broadcast popular Brazilian songs. The group is known as MBP.

The students were asked to keep a record of the unfamiliar words they heard during the radio programs in order to look them up in dictionaries after the program ended. They also had to write down the phone numbers of service providers which arouse their interest.

When students listened to interviews they had to write down the main ideas and contents of the interviews so that those topics could be discussed with their teacher and classmates during sessions in the classroom. In other sessions the students had to listen to songs without finding out the name of it. Then, they had to search it in Google by writing no more than 10 words in the search window. Once they found the lyrics they had to sing it loud. In some other sessions students had to listen to radio ads taking note of the kind of product announced, its main characteristics and the kind of public the product was intended to reach.

The radio programs that the students had to listen were supervised by the professor and monitored during the session so that the professor could assess the work of the students.

After some of the sessions the students were asked to write a 100 word summary to hand in, so that the professor could proof-read it and return it with corrections in order to provide necessary feedback. This was the beginning of learning moments where students could comment on their experiences of listening to radio programs, clear out their doubts and assess their progress. When the students listened to songs they were asked about the regional and cultural aspects of the songs and publicity they heard as many of them portray particular aspects of local culture not easily understandable to foreigners. The help of the teacher was vital here. Finally, the students had to compare and contrast cultural aspects of the Mexican culture similar to those of Brazil.

After the sessions in the informatics laboratory the students went back to the classroom. When students had listened to songs the teacher would play the same song in its karaoke version and project it along with its music on a big screen on a wall. The students would listen and sing along no more than three times.

At the end of some other sessions the professor would open the program Skype to let students make phone calls to those service and products providers which arouse interest in students. In this way, they could learn more about those products and services at the time of practicing the target language.

The use of the IT's, for example online radio, allows both teachers and students use multiple resources which help the learning of foreign languages. The frequent use of the IT's is shifting the way languages are taught in a beneficial way. And it will continue doing so in the future with the emergence of new technologies. For Jonassen et al (1999) the main advantages of the IT's in the teaching and learning of a second language are that they provide the possibility of accessing real situations and authentic contents which foster the students' approach and understanding the culture of the target language.

The pedagogic practice described in this article had as main purpose to use the IT's, specifically online radio, as a tool to support students who learn a foreign language.

It was also possible to show and demonstrate to students that they can also learn about, practice and get in touch with the culture of the target language by exploring themselves the possibilities of the IT's. In this particular practice, online radio and Skype.

The proposal can be summarized as listening to radio programs and do activities related to the acquisition of vocabulary and specific pieces of information which could be used to enrich the language practice, such as phone numbers of products and services providers as well as their characteristics, the search for the lyrics of songs, the discussions of topics dealt with in interviews and the writing of summaries to help the understanding of the topics at hand and clear out doubts.

Final Considerations

In this research it was possible to analyze the importance of culture and interculturality, online radio and the programs Youtube and Skype in the teaching of Portuguese as a foreign language, knowing their advantages when they are used as support tools both for professors and students.

It was evident that online radio and the programs Youtube and Skype brought the students close to the culture of the language they learn as they get in touch with multiple cultural, regional and economic aspects of the language tha the Internet can provide.

The results of this research showed that working with interculturality and the IT's, in this case online radio via Internet, Youtube and Skype, the students could comprehend regional expressions, cultural and artistic topic which otherwise can only be learned by visiting the country.

The Youtube and Skype programs along with online radio can effectively improve their level of Portuguese and other languages. Most of all, they can improve their oral and digital competences. There are many activities which can be done along with Skype, Youtube and online radio. Here it is important to select first those activities which comply with the school curriculum and choose those topics of discussion which arise interest in students. The methodology employed here is also relevant as it should contribute to achieve the aims of the lesson. The communicative approach is not new to language teachers. The present challenge is to design significative lessons and tasks having online radio and Youtube and Skype as a frame.

It is said that online radio and the programs Skype and Youtube offer the biggest benefits since they allow people to communicate with native speakers of the language students learn. When we are immersed in real situations of a given language we have the chance of learning particular expressions of the actual language. All these advantages allow both teachers and students elaborate better teaching-learning strategies. It is important to docents to experiment with new technology and the IT's tools to develop new teaching strategies.

It is important that professors seek alternatives to innovate in their lessons as it was explained in this article. When it comes to teaching languages the docents are the ones responsible for the search of new options to bring into the classroom to make their lessons both attractive and motivating. In this respect, the online radio can bring a ludic tool into the classroom and at the same time providing novelties and meaningful interactions in each radio program.

As a conclusion, the IT's are extremely important, in particular the online radio, for the language lesson. Through this resource, language teachers have endless possibilities to innovate in their lessons and improve their practice whereas their students have also multiple opportunities to better learn the target language.

References

Argudín, Y. (2005), *Educación basada en competencias. Nociones y antecedentes*. México: Trillas.

Benito, A. B. G. (2002). *La cultura en la enseñanza del portugués lengua extranjera: análisis y propuestas de integración.* Anuario de estudios filológicos, *25*, 119-135.

Coordinación de Cooperación Académica del Instituto Politécnico Nacional (2017), *Portal de la Coordinación de Cooperación Académica.* Acceso el 10 de agosto de 2017, disponible en http://www.ipn.mx/cca/movilidad/Paginas/Alumnos-ipn.aspx

DeWitt, D., Alias, N., Siraj, S., Yaakub, M. Y., Ayob, J., & Ishak, R. (2013). *The potential of Youtube for teaching and learning in the performing arts. Procedia-Social and Behavioral Sciences, 103*, 1118-1126.

Dirección General de Comunicación Social de la UNAM (2013), *Portal de la Dirección de Comunicación Social de la Universidad Autónoma de México.* Acceso el 25 de junio de 2017, disponible en http://www.dgcs.unam.mx/boletin/bdboletin/2013_388.html

Guichon, N., & Cohen, C. (2014). The impact of the webcam on an online L2 interaction. *Canadian Modern Language Review, 70*(3), 331-354.

Instituto Nacional de Estudos e Pesquisas Educacionais Anísio Teixeira - INEP (2017), *Celpe-Bras, ações internacionais.* Acceso el 01 de julio de 2017, disponible en http://portal.inep.gov.br/acoes-internacionais/celpe-bras

Johnson, K.(2008). *Aprender y enseñar Lenguas extranjeras. Una introducción.* Ciudad de México: Fondo de Cultura Económica.

Jornal Mundo Lusíada (2015). *ONU: Cavaco cita 250 milhões de falantes da língua portuguesa.* Acceso el 26 de junio de 2017, disponible en http://www.mundolusiada.com.br/politica/onu-cavaco-cita-250-milhoes-de-falantes-da-lingua-portuguesa-e-defende-combate-firme-ao-terrorismo/

11

O SISTEMA DE NORMAS E A EVOLUÇÃO DEMOLINGUÍSTICA DA LÍNGUA PORTUGUESA[1]

Gilvan Müller de Oliveira

Introdução

Norma linguística, na definição de Eugênio Coseriu, seria um constructo linguístico abstrato situado entre a Língua e a Fala, conceitos desenvolvidos previamente por Saussure: "um sistema de realizações obrigadas, de imposições sociais e culturais, e que varia segundo a comunidade" (Coseriu [1987], apud Leite, 2006, p. 180). Para Leite (2006, p. 180) "a norma é aquilo que já se realizou e, teoricamente, sempre se realizará no grupo social; é a tradição à qual todos estão submetidos e obedecem sem sentir. A qualquer tentativa de ruptura dessa tradição, há reação".

Já as sociolinguísticas, em especial a de cunho laboviano, associarão a ideia de norma linguística a usos que identificam grupos sociais específicos. Nesta acepção, a norma de prestígio, a norma culta ou a norma erudita, são algumas das normas linguísticas que estruturam uma sociedade, convivendo com a norma da classe trabalhadora urbana, ou a norma do campesinato, entre outras.

Finalmente, podemos ver a norma linguística como um *produto* linguístico decorrente de um *processo* de intervenção sobre a língua que se

1. Uma versão em inglês deste texto foi publicada em Rudolf Muhr (in collaboration with Eugênia Duarte, Amália Mendes, Carla Amóros Negre and Juan A. Thomas (eds.). Pluricentric Languages and non-dominant Varieties worldwide: Volume 2: The pluricentricity of Portuguese and Spanish: New concepts and descriptions. Frankfurt a.M. / Wien u.a., Peter Lang Verlag (2016), p. 31-45.

inicia com a *seleção de uma variedade*, avança pela sua *codificação*, passando em seguida pela sua *implementação* ou *promoção*, atuando, ao longo de todo o processo, na sua *elaboração* ou *cultivo*, processos levados a cabo em geral, historicamente, por um Estado Nação, com o objetivo de regular usos oficiais ou autorizados. Esta *norma* assim criada é oferecida/imposta à sociedade por uma variedade de instrumentos, em que se destaca tradicionalmente a educação pública. Assim, Haugen (1983) vê a norma como ato e produto da *planificação linguística*, o que pode ser expresso no seguinte esquema:

Tabela 1: Planificação Linguística (Haugen, 1983)

	Norma	Função
Sociedade	1. Seleção	3. Implementação
Língua	2. Codificação	4. Elaboração

É nesse último sentido que se pode dizer que uma língua é *pluricêntrica*, na acepção de Clyne (1992) e Muhr (2012), isto é, é elaborada por centros normatizadores (nacionais) diferentes, tomando por base diferentes variedades históricas, e submentendo-as a instrumentação diversa, muitas vezes de origem ideológica, epistemológica e técnica diferentes, e também com diferentes espaços de circulação e, consequentemente, diferentes alcances geopolíticos. *Codificação*, *fixação* e *transmissão* são elementos centrais desta acepção de norma, bem como os conceitos de *instrumentos* e *dispositivos* linguísticos, que realizam ou concretizam estas intervenções.

Processos de normatização da língua portuguesa

A normatização da língua portuguesa, em sua primeira fase, ocorreu de modo monocêntrico durante o estabelecimento e evolução do Estado português, um dos mais precoces Estados-Nação da Europa, mas em um ritmo mais lento que outras línguas europeias, tais quais o francês ou o espanhol, de tal maneira que alguns dos instrumentos importantes no processo de normatização, como o dicionário monolíngue, somente ficaram prontos no século XIX. Além disso, o português nunca teve uma *Academia de Língua* que pudesse se projetar no futuro como a instituição inconteste da normatização da língua, como ocorreu com a *Real Academia Española* ou a *Academie Française*[2].

Com a divisão do *Reino Unido de Portugal, Brasil e Algarves* em duas partes – o Reino de Portugal e o Império do Brasil – em 1822, estavam lançadas as sementes para que a normatização da língua passasse a ser feita de forma bicêntrica, como efetivamente passou a ocorrer a partir da segunda metade do século XIX, com o projeto, do Romantismo, de uma *língua literária nacional* e mais decididamente durante o século XX, com contornos mais concretos depois da *ruptura ortográfica de 1911*, processo que será descrito em outro texto (Oliveira, 2016, no prelo).

O produto de cerca de cem anos de normatização relativamente independente foi o estabelecimento de um sistema com duas normas de validação e circulação excludentes, que competem geopoliticamente entre si e cujo processo de elaboração é realizado, muitas vezes, com intenções divergentes. O produto desta *normatização divergente*, como expõe Carlos Reis (2009, p. 7), conduz já em alguns casos e em determinados países estrangeiros, à percepção da existência de duas línguas, o *português europeu* e o *português brasileiro*: "(...) A unidade do português, no espaço transnacional onde ela existe, é algo vacilante, quase no limite da fragmentação (…)".

O sistema de normas do português estrutura-se, portanto, até o início do século XXI de forma bicêntrica, e a partir de então temos indícios do crescimento do interesse dos demais países de língua portuguesa, em especial Moçambique e Angola, no reconhecimento das variedades do português faladas pela sua população e na elaboração das suas próprias normas (Santos, 2010). *O Acordo Ortográfico da Língua Portuguesa de 1990*, assinado por todos os países de língua portuguesa no sentido de reunificar a ortografia da língua, é um marco na transformação de um sistema de gestão dual em um sistema plural e multilateral, com a participação de todos os países (Ferreira et alii, 2012).

Podemos definir o *sistema de normas* de uma língua como a relação de força entre as diferentes normas, os seus processos de coordenação e negociação, bem como os conflitos entre as normas e as soluções dadas por

2. Vide o papel menos central, em relação com as suas supostas congêneres do espanhol e do francês, que desenpenham hoje a *Academia de Ciências de Lisboa*, criada no século XVIII, ou a *Academia Brasileira de Letras* (Nunes, 2015), do Rio de Janeiro, do final do século XIX.

cada uma. Compõem ainda o sistema de normas os mecanismos que permitem a cada norma reproduzir a subordinação de espaços políticos regionais ou nacionais privados do desenvolvimento de normas próprias, isto é, as suas *variedades nacionais/regionais tributárias*. O seguinte grafismo permite visualizar estas relações para a língua portuguesa no atual momento histórico (2015):

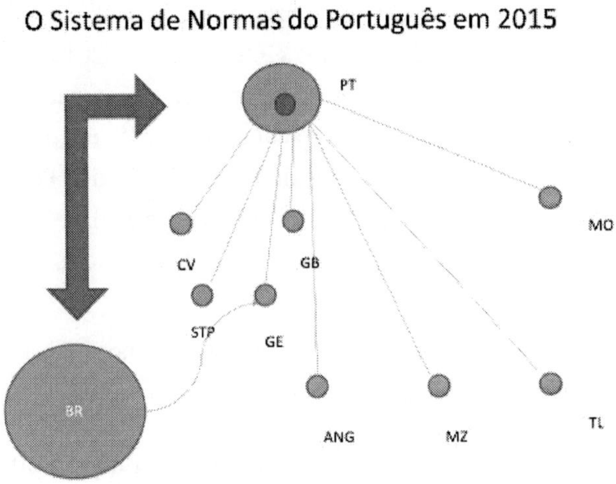

Figura 1: Português: O Sistema de Normas em 2015

Este grafismo mostra, em círculos azuis, as duas normas estabelecidas da língua portuguesa, a *portuguesa* e a *brasileira*. Enquanto que a norma brasileira tem o seu âmbito de validade exclusivamente no próprio Brasil (exceto evidentemente como língua estrangeira ou como língua de herança), os demais espaços nacionais na África e na Ásia são tributários da norma portuguesa, o que fica expresso pelos traços azuis que ligam cada espaço destes individualmente à norma portuguesa. Os espaços nacionais não-gestores das suas próprias normas linguísticas têm a cor verde; o espaço de Portugal, no entanto, mostra que a norma portuguesa, expressa pelo círculo azul, é maior do que o próprio alcance demolinguístico de Portugal, expresso pelo círculo vermelho menor, porque acumula os dividendos de ser a norma de outros espaços tributários.

Uma linha curva liga ambas as normas, brasileira e portuguesa, ao espaço da Guiné Equatorial, país que adotou a língua portuguesa como oficial apenas em 2011, e que não estabeleceu uma subordinação tributária clara a nenhuma das duas normas, pelo menos até o momento. Finalmente, a seta vermelha indica o principal campo de força da relação entre as normas da língua: a relação entre os dois centros gestores do *sistema de normas*, Brasil e Portugal.

Falada por um número estimado de 231 a 267 milhões de pessoas em quatro continentes, inclusive por cerca de 6 milhões nas diásporas, a língua portuguesa é a quinta língua mais usada na Internet, com um número estimado de 131 milhões de usuários (Internet Stats, 2015), é oficial em 5 blocos econômicos regionais e em 27 organizações internacionais (Oliveira, 2013). O fato de ser oficial hoje, no entanto, não mais em dois, mas em dez países – nos nove Estados Membros da Comunidade dos Países de Língua Portuguesa (CPLP) e na Região Administrativa Especial de Macau (RAEM), na República Popular da China, começa a ter consequências importantes para o seu *sistema de normas*.

Podemos postular, assim, que o processo de normatização da língua portuguesa passou/tem passado pelos seguintes momentos:

Tabela 2: Tipos/âmbitos de Normatização da Língua Portuguesa

Normatização da Língua Portuguesa		
Monocêntrica	Séculos XVI-XIX	Portugal
Bicêntrica	Séculos XIX-XX	Portugal e Brasil
Pluricêntrica	Século XXI	Países da CPLP

É com o intuito de colaborar na reflexão sobre as possíveis modificações na gestão do *sistema de normas* da língua portuguesa no século XXI que tomamos e reorganizamos dados de projeção demográfica da *Population Division of the Department of Economic and Social Affairs of the United Nations Secretariat*, entidade técnica que há muitas década acompanha, com uma equipe internacional de grande reconhecimento, a evolução demográfica dos estados-membros da ONU, com o objetivo de fornecer insumos técnicos, nesta área para as decisões das Nações Unidas:

> The Population Division was established in the earlier years of the United Nations to serve as the Secretariat of the then Population Commission, created in 1946. Over the years, the Division has played an active role

> in the intergovernmental dialogue on population and development, producing constantly updated demographic estimates and projections for all countries, including data essential for the monitoring of the progress in achieving the Millennium Development Goals, developing and disseminating new methodologies, leading the substantive preparations for the United Nations major conferences on population and development as well as the annual sessions of the Commission on Population and Development.
>
> The United Nations Population Division assists the Department of Economic and Social Affairs in discharging its functions as member of the Global Migration Group. It provides programmatic support to the Special Representative of the Secretary-General for International Migration and Development. It co-chairs the Population cluster of the Executive Committee on Economic and Social Affairs (EC-ESA), together with the Population Division of ECLAC.
>
> (...) the Population Division provides substantive support on population and development issues to the United Nations General Assembly, the Economic and Social Council and the Commission on Population and Development. It also leads or participates in various interagency coordination mechanisms of the United Nations system. The work of the Division also contributes to strengthening the capacity of Member States to monitor population trends and to address current and emerging population issues. (ONU, 2016)

Os dados, com os quais as tabelas abaixo foram produzidas, são os disponibilizados pelo *World Population Prospects (WPPs), the 2012 Revision*, a versão disponível desta plataforma de previsões no momento em que este artigo foi escrito, e que alcança até o ano de 2100. Os WPPs constituem-se nas bases mais confiáveis que temos para este fim, dada a vasta experiência da Population Division.

São 267,88 milhões os habitantes nos países de língua portuguesa em 2015, embora saibamos que, no atual momento histórico, nem todos são falantes de português, especialmente em países como Timor-Leste, Guiné Bissau ou Moçambique, dado que o português convive, nos países membros da

CPLP, com outras 339 línguas (Oliveira, 2013), nas quais muitos cidadãos são monolíngues. Por esta razão, as porcentagens de falantes da língua portuguesa no Brasil e em Portugal, dois países em que a quase totalidade da população fala efetivamente português, serão, na verdade, superior aos 76,02% e aos 3,90% indicados pelos dados.

Tabela 3: População dos Países de Língua Portuguesa em 2015 (em milhões)

ANGOLA	22,82	8,51%
BRASIL	203,65	76,02%
CABO VERDE	0,508	0,19%
GUINÉ BISSAU	1,78	0,66%
GUINÉ EQUATORIAL	0,00	0%
MOÇAMBIQUE	27,12	10,12%
PORTUGAL	10,61	3,90%
SÃO TOMÉ E PRÍNCIPE	0,203	0,07%
TIMOR-LESTE	1,17	0,43%
TOTAL	267,88	99.90%

A tabela acima demonstra a grande concentração de falantes da língua num único país, o Brasil, bem como a importância relativa de dois outros países, Moçambique e Angola, que, *apesar* de terem, na sua população, um grande número de não-falantes de português, equivalem ou ultrapassam já o número de falantes de português em Portugal.

Para a sequência dos argumentos é importante considerar a tabela abaixo, oriunda da análise dos censos demográficos de Moçambique de 1980, 1997e 2007:

Tabela 4: Uso da Língua Portuguesa em Moçambique (1980-2007) (Dados do Censo Nacional de Moçambique)

Falam Português	Contexto Urbano vs. Contexto Rural	Português como língua de uso doméstico	Português como língua materna
1980 24,4%	/////	/////	**1,2%**
1997 39,5%	/////	8,8%	**6,5%**
2007 50,4%	Urbano – 80,8% Rural – 36,3%	12,8%	10,7%

Ainda que esta tabela se refira a dados apenas de Moçambique, aponta para um fenômeno mais geral em relação às novas nações oriundas do antigo império colonial português. Estes novos Estados, uma vez independentes, investiram mais e foram mais bem sucedidos na difusão da língua portuguesa, oficial em todos eles, que Portugal nos 400 anos da ordem colonial, de modo que se nota um crescimento rápido da porcentagem de falantes da língua na população, como mostram os dados do Censo Demográfico moçambicano de 1980 a 2007.

A educação pública, típica de um Estado Nação que instituiu e opera com o conceito de "cidadão", foi o instrumento básico de difusão do português, acompanhado pelos modernos meios de comunicação de massa, em especial o rádio e a televisão e pelo processo de urbanização. Não foi o caso da prática colonial anterior a 1961, dados os lucros da manutenção da população no estatuto de "indígenas", estatuto para o qual não falar português era indispensável: os *indígenas* de colônias como Angola ou Moçambique tinham que pagar um imposto para o governo português, com dinheiro que normalmente apenas podiam obter trabalhando para os fazendeiros brancos, através do que funcionava, na prática, a exploração do trabalho colonial. (Meneses, 2009).

Esta tabela mostra que apenas 24,4% da população falava português em 1980, e que apenas 1,2% o tinha como língua materna, figura que passou para 39,5% e 6,5%, respectivamente, em 1997. Já em 2007, 10,7% da população tinha o português como língua materna, enquanto que 50,4% o falavam. Mostrando um rápido crescimento da língua portuguesa no país, torna-se possivel a percepção, já expressa em diversas ocasiões, de que o avanço do português poderia vir inclusive a ameaçar a reprodução intergeracional de outras línguas moçambicanas, de origem banto.

A importância desta tabela para o argumento geral deste texto refere-se exatamente ao fato de ela mostrar o rápido crescimento da porcentagem dos falantes de português na população, que dobrou, por exemplo, entre 1980 e 2007. Em se mantendo esta tendência de difusão do português, toda a população moçambicana falará a língua dentro dos próximos 30 a 40 anos como língua segunda, e uma parcela expressiva da população também como materna.

Esta tendência é um indicativo que os dados demográficos e os dados demolinguísticos tendem a convergir no futuro, isto é, que poderemos usar os dados de população com alguma segurança para a análise do número de falantes da língua. A urbanização crescente da população, em países como os PALOP, em que o português é muito mais presente no meio urbano que no meio rural, bem como o crescimento rápido do acesso aos meios massivos de comunicação social, entre eles a Internet via telefone celular, são outros fatores que deve acelerar o aprendizado da língua oficial, em especial considerando a fraca presença das línguas africanas na Internet até o momento.

O crescimento do domínio do português verificado em Moçambique é uma tendência para os demais países de língua oficial portuguesa. Podemos verificar isso concretamente em países que têm censos linguísticos, como Timor-Leste, e pressupor para os demais, a partir de indicativos secundários, dado que os fatores que influem em Moçambique também atuam nos demais países (urbanização, escolarização crescente, maior acesso aos meios de comunicação massivos, etc).

Considerando, portanto, este tendência, podemos postular que em 2100 os dados demográficos poderão ser lidos com propriedade como dados demolinguísticos e que portanto a população do país tenderá a coincidir com o número dos falantes de português. Se isso é verdade, é muito interessante observar a tabela seguinte, que apresenta as projeções demográficas para o ano de 2100:

Tabela 5: População dos Países de Língua Portuguesa em 2100 (em milhões)

ANGOLA	97,34	22,96%
BRASIL	194,53	45,90%
CABO VERDE	0,55	0,13%
GUINÉ BISSAU	5,63	1,32%
GUINÉ EQUATORIAL	2,42	0,57%
MOÇAMBIQUE	112,02	26,43%
PORTUGAL	7,46	1,75%
SÃO TOMÉ E PRÍNCIPE	0,57	0,13%
TIMOR-LESTE	3,26	0,77%
TOTAL	423,77	99, 96%

Esta tabela aponta para a quase duplicação do número de falantes de português no mundo (a considerar como número realista em 2015 a cifra de 221 milhões de falantes), com o que o português manter-se-á entre as línguas mais faladas do mundo. Mais importante, para nosso argumento, porém, é a constatação que a população de Moçambique terá passado de 27,12 milhões em 2015 para 112,02 em 2100, enquanto que a de Angola terá passado de 22,82 milhões para 97,34 milhões. Ao mesmo tempo, a população brasileira terá diminuído de 203,66 para 194,53 milhões e a de Portugal diminuído de 10,61 milhões para 7,46 milhões. A tabela indica um crescimento forte do número de falantes de português em todos os países de CPLP, menos no Brasil e em Portugal, que sofrerão um decréscimo, e em Cabo Verde, que terá um pequeno aumento. Dados de períodos intermediários, como os de 2050, mostram que o decréscimo demográfico (e demolinguístico) do Brasil deve começar por volta da metade do século, enquanto que o de Portugal iniciou-se já em 2015, resultados que serão explorados em outro artigo.

O decréscimo populacional do Brasil e de Portugal estão já no contexto do chamado regime de *transição demográfica* ou *transição vital*, que é uma das principais transformações pelas quais vêm passando as sociedades modernas nas últimas décadas. Este regime caracteriza-se pela passagem de um regime com altas taxas de mortalidade e fecundidade/natalidade para outro regime, em que ambas as taxas situam-se em níveis bastante mais baixos. O Brasil é um exemplo:

> Entre os anos 40 e 60, o Brasil experimentou um declínio significativo da mortalidade, mantendo-se a fecundidade em níveis bastante altos, produzindo, assim, uma população quase-estável jovem (no sentido de sempre jovem) e com rápido crescimento. A partir do final da década de 60, a redução da fecundidade, que se iniciou nos grupos populacionais mais privilegiados e nas regiões mais desenvolvidas, generalizou-se rapidamente e desencadeou o processo de transição da estrutura etária, que levará, provavelmente, a uma nova população quase-estável, mas, desta vez, com um perfil envelhecido e ritmo de crescimento baixíssimo, talvez negativo. (Carvalho e Rodríguez-Wong, 2008, p. 598)

A tabela abaixo indica, então, tendências importantes para o futuro da língua:

Tabela 6: Países Lusófonos: peso demolinguístico em três blocos: Brasil, África Meridional e Outros em 2100 (em milhões)

ÁFRICA MERIDIONAL (ANGOLA + MOÇAMBIQUE)	209,36	49,40%
BRASIL	194,53	45,90%
OUTROS	19,89	4,69%
TOTAL	423,78	99,99%

1. A maioria dos falantes da língua portuguesa estarão no cone sul da África em 2100, dados os níveis de crescimento populacional em Moçambique e Angola, acompanhado de perto pelos falantes da América do Sul, isto é, do Brasil;
2. A língua portuguesa já é hoje a língua mais falada no hemisfério sul, e muito mais falada no hemisfério sul que no hemisfério norte. Esta tendência deve se manter e aprofundar até 2100, e o eixo principal ou *coreland* da língua estará na relação entre as duas margens do Atlântico Sul, com extensão até o sul do Índico, espaço que concentrará 403,89 milhões dos 423,78 milhões do total, isto é, 95,30% dos falantes.
3. Fora do eixo de força do Atlântico Sul-Índico, haverá apenas cerca de 20 milhões de falantes da língua, ou menos de 5% do total.

Dentro do eixo do Atlântico Sul, haverá uma vantagem de cerca de 15 milhões de falantes para o conjunto da África Meridional (Angola + Moçambique) em relação ao número de falantes do Brasil:

Tabela 7: Número de Falantes de Português: Brasil versus África Meridional em 2100 (em milhões)

2100		
ÁFRICA MERIDIONAL	209,36	51,83%
BRASIL	194,53	48,16%
TOTAL	403,89	99,99%

Tendo à mão os resultados acima, podemos propor modificações importantes no funcionamento do Sistema de Normas da língua portuguesa no século XXI, com a emergência de novos centros gestores da língua, e portanto, com a ruptura da orientação tributária dos PALOP e Timor-Leste em relação à norma portuguesa, por um lado, e com a abertura do sistema de gestão bicêntrica do português, hoje ainda em vigor, rumo a um sistema pluricêntrico. O grafismo abaixo pretende caracterizar a nova situação da língua portuguesa quanto às suas normas.

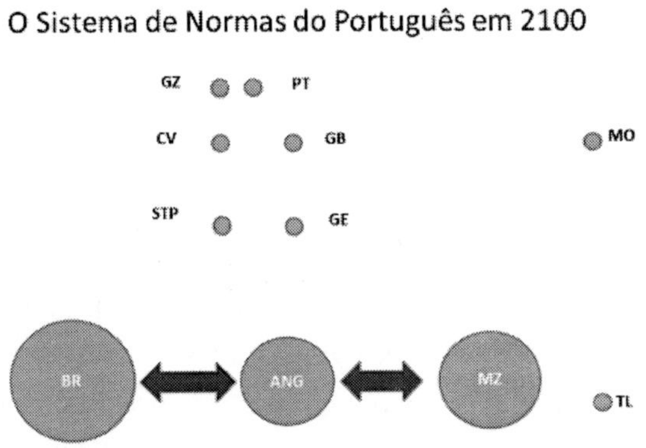

Figura 2: Português: O Sistema de Normas em 2100

Nesta projeção para 2100, três normas nacionais constituirão o principal eixo de força do sistema de normas, as normas brasileira, moçambicana e angolana. Todos os países de língua portuguesa, no entanto, poderiam passar a ser gestores de normas nacionais, pelo menos parcialmente, dado o crescimento do uso da língua em todos eles, o aumento da escolarização em língua portuguesa, a maior penetração da Internet, a criação de novas universidades e institutos de pesquisa, que formam gestores, professores e técnicos capazes de demandar e influir na elaboração de instrumentos normativos de variada ordem, bem como o crescimento da percepção dos ganhos econômicos associados à língua como fator de produção (Oliveira, 2010).

Indicativos para este fenômeno são, ainda, o início da participação de todos os países, via *Instituto Internacional da Língua Portuguesa*, na elaboração de instrumento multilaterais para a gestão da norma, como é o caso do Vocabulário Ortográfico Comum da Língua Portuguesa (VOC), constituído pelos vocabulários ortográficos nacionais dos Estados membros da CPLP, e do Portal do Professor de Português Língua Estrangeira/Língua não materna (PPPLE), que pela primeira vez permite o ensino, a não falantes, das variedades/normas linguísticas dos PALOP e de Timor-Leste (Mendes, 2016).

Evidentemente, a população de um país não é o único fator, nem talvez o mais importante, para a projeção de capacidade (ou de poder) em vários âmbitos, como a de gerir a sua norma linguística e obter vantagens geopolíticas e econômica com esta gestão, capacidade esta que podemos incluir no âmbito do chamado *soft-power*, mas sem dúvida alguma, o peso da população condiciona de maneira decisiva a economia e, portanto, todos os outros fatores.

Para além dos fatores ligados à população (número de locutores e taxa de fecundidade), o *Baromètre Calvet des langues du monde*, no âmbito de uma *théorie du poid des langues* (Teoria do Peso das Línguas), por exemplo, estabeleceu ainda como critérios importantes para a determinação deste 'peso': 1) a sua entropia, isto é, o seu grau de dispersão pelo mundo, 2) a sua veicularidade, isto é, o interesse que apresenta para falantes de outras línguas, que investem no seu aprendizado, 3) a quantidade de Estados em que é oficial, 4) a tradução, como língua fonte ou como língua fim, 5) o número de prêmios literários internacionais que a língua ganhou, 6) o índice de desenvolvimento humano dos seus falantes (IDH) e finalmente, 7) a taxa de penetração da Internet, e muito especialmente, o número de verbetes que a língua tem na Wikipedia.

É preciso dizer, ainda, que como o controle das normas é uma área econômica ativa, com muitos agentes envolvidos (universidades, editoras, etc.) e a sua construção e validade um fenômeno de 'longa duração', é evidente que Portugal continuará por bastante tempo a ter um lugar privilegiado na gestão do sistema de normas. Corroboram esta tendência a elevada importância que o país atribui à política da língua, em consonância com o ideário de outros países europeus que foram potências coloniais, o que autoriza investimentos estatais importantes. Finalmente, e justamente por causa desta visão europeia da língua como "mais-valia", Portugal se beneficia de recursos econômicos, técnicos e de pessoal desenvolvidos em comum com outros membros da União Europeia, que o coloca em uma situação privilegiada para as intervenções no Sistema de Normas.

Considerações finais

Os dados analisados nas seções anteriores mostram uma transformação geopolítica importante no espaço lusófono durante o século XXI, em função do *regime de transição demográfica* ocorrer em temporalidades diferentes em cada um dos países. Assim, em 2100, a distribuição dos falantes de português nos espaços nacionais onde a língua é oficial será fundamentalmente diferente do que era em 2015, apontando, em primeiro lugar, para um forte crescimento da representação da África Meridional; em segundo lugar aponta para o crescimento relativo do papel dos demais PALOP e Timor-Leste e, em seguida, para o decréscimo relativo do papel demográfico de Portugal e do Brasil.

Uma leitura demolinguística desta nova conjuntura, acompanhada de tendências já em curso desde pelo menos o Acordo Ortográfico da Língua Portuguesa de 1990, apontam para o crescimento do interesse e da capacidade de gestão da língua por parte dos PALOP e Timor-Leste, mormente no quadro do Instituto Internacional da Língua Portuguesa (IILP/CPLP) (Oliveira, 2015).

Os dados e argumentos apresentados acima alertam para a necessidade de uma pesquisa sistemática, em demolinguística, das projeções de futuro para as línguas, de modo a entender também as tendências dos seus processos de normatização e gestão e, portanto, para a construção da instrumentação linguística de modo adequado para as necessidades emergentes dos falantes.

Nesse sentido, o atual texto pode ajudar a visualizar que o português evolui de uma *língua bicêntrica* para uma *língua pluricêntrica*, e de *língua nacional* de dois países para uma *língua internacional*, de gestão multilateral, tendência, de resto, de boa parte das grandes línguas de *fonias*, isto é, compartilhadas por diversos países.

Como indicativo para as pesquisas futuras, esta tendência aponta para a necessidade de se ultrapassar o *programa nacional*, hoje em vigência na pesquisa universitária, que tem por cerne a oposição PB (português brasileiro) versus PE (português europeu, isto é, de Portugal) e o desinteresse pelas variedades/normas emergentes dos demais países. Em vez dessa dicotomia, as tendências demolinguísticas em curso apontam para a necessidade reforçada de pesquisa sobre o português angolano e moçambicano e para uma atenção especial à emergência dos esforços normativos dos demais PALOP e de Timor-Leste.

Carvalho e Rodríguez-Wong nos lembram, para finalizar, que o olhar sobre o futuro é essencial para a construção de políticas públicas, e dentre elas, evidentemente, também para as políticas linguísticas:

> Em um país caracterizado pelo imediatismo, onde a sociedade não tem tradição de pensar e, consequentemente, assumir posições políticas que tenham como objetivos resultados no médio e longo prazos, a muitos pode parecer um simples exercício acadêmico, sem praticidade alguma, visualizar e analisar a evolução do tamanho e da estrutura da população (brasileira) nas próximas quatro ou cinco décadas. No entanto, há que se definir e implantar políticas públicas, de modo a tirar proveito das oportunidades criadas e a enfrentar os desafios a serem gerados pelo novo padrão demográfico. (Carvalho e Rodríguez-Wong, 2008, p. 598)

Com uma evolução do Sistema de Normas do português em direção à uma gestão pluricêntrica e multilateral, podemos complementar o conceito central deste texto, apresentado na primeira seção. Para além de ser a "relação de força entre as diferentes normas", o Sistema de Normas é, também, "um espaço negociado de variação linguística, hospedado especificamente em um dispositivo de construção e gerenciamento COMUNS, e que propõe usos linguísticos obrigatórios ou opcionais".

Referências

Borges, Gabriel Mendes; Campos, Marden Barbosa de e Silva, Luciano Gonçalves de Castro e. Transição da estrutura etária no Brasil: oportunidades e desafios para a sociedade nas próximas décadas. In: Ervatti, Leila Regina; Borges, Gabriel Mendes e Jardim, Antonio da Ponte. *Mudança Demográfica no Brasil no Início do Século XXI*: Subsídios para a projeção da população. Rio de Janeiro, IBGE, 2015.

Calvet, Louis-Jean. (2012). *Nouvelles perspectives sur les politiques linguistiques: le poids des langues.* Rio de Janeiro, *Gragoatá, 17*(32).

Carvalho, José Alberto Magno de e Rodríguez-Wong, Laura I. DE. A transição da estrutura etária da população brasileira na primeira metade do século XXI. In: *Cadernos de Saúde Pública.* vol.24 no.3 Rio de Janeiro Março de 2008.

Clyne, Michael. (1992). *Pluricentric languages. Differing norms in different nations.* Berlin/New York: Moutonthe Gruyter.

Ferreira, J. P., Maarten Janssen, Gladis de Barcellos Almeida, Margarita Correia, Gilvan Müller de Oliveira (2012). The Common Orthographic Vocabulary of the Portuguese Language: a set of open lexical resources for a pluricentric language. In Nicoletta Calzolari (Conference Chair), Khalid Choukri, Thierry DeclercK, Mehmet Uğur Doğan, Bente Maegaard, Joseph Mariani, Jan Odijk e Stelios Piperidis (eds.) *Proceedings of the Eight International Conference on Language Resources and*

Política linguística e internacionalização... Trab. Ling. Aplic., Campinas, n(52.2): 409-433, jul./dez. 2013 433 Evaluation (LREC'12), pp. 1071-1075. [sl]: European Language Resources Association (ELRA). ISBN:978-2-9517408-7-7.

Haugen, Einar. (1983). The implementation of corpus planning: theory and practice. In Cobarrubias, Juan e Fishman, Joshua (Ed.) *Progress in language planning:* international perspectives. Berlin, Walter de Gruyter (Contribution to the sociology of language; 31).

Leite, Marli Quadros. Língua falada: uso e norma. (2006). In: Preti, Dino (Org.). *Estudos de língua falada:* variações e confrontos. São Paulo, Associação Editorial Humanitas, 2ª. Edição, 236p.

ONU, Population Division, Department of Economic and Social Affairs. 'About us'. Disponível em: http://www.un.org/en/development/desa/population/about/index.shtml. Acesso em 12/01/2016.

Mendes, Edleise. (2016, no prelo). *Multilinguismo, ensino e formação intercultural do professor de línguas.*

__________(2016, no prelo). *No-dominant varieties of Portuguese:* how to teach them.

Meneses, Maria Paula G. (2009). *O 'indígena' africano e o colono 'europeu': a construção da diferença por processos legais.* Disponível em: https://www.ces.uc.pt/myces/UserFiles/livros/693_04%2520%2520Paula%2520Meneses%252023_06.pdf. Acesso em: 12/01/2016.

Muhr, Rudolf. (2012). Linguistic dominance and nondominance in pluricentric languages: a typology. In: MUHR, R. (Ed.). *Nondominant varieties on pluricentric languages.* Getting the pictures. In memory of Michael Clyne. Wien: Peter Lang.

_________(2013). Codifying linguistic standards in non-dominant varieties of pluricentric languages – adopting dominant or native norms? In: Rudolf Muhr /Carla Amorós Negre et.al. (eds.): *Exploring Linguistic Standards in Non-Dominant Varieties of Pluricentric Languages.* Peter Lang Verlag. Frankfurt a.M. / Wien u.a., 11-45.

Nunes, José Horta. (2015). Projetos de dicionários na Academia Brasileira de Letras. In *Revista Internacional de Linguística Iberoamericana* (RILI), Volumen XIII (2015). No 1 (25), p. 35-52.

Oliveira, Gilvan M. de. (2010). O lugar das línguas: A América do Sul e os mercados linguísticos na Nova Economia. In: *Synergies Brésil no.* Special 1, p. 21-30

__________(2013). Política linguística e internacionalização: A língua portuguesa no mundo globalizado do século XXI. *Trabalhos em Linguística Aplicada.* Campinas-SP, n(52.2): 409-433, jul./dez.

__________(2015). O Instituto Internacional da Língua Portuguesa e a gestão multilateral da Língua Portuguesa no âmbito da CPLP. *Revista Internacional de Linguística Iberoamericana* (RILI). Vol.XIII (2015) no. 1 (25), p. 19-34.

Reis, Carlos. (2008). Entrevista: *Está na moda aprender português*, 1º. Caderno, p. 20. Disponível em: http://expresso.sapo.pt/esta-na-moda-aprender-portugues=f359202. Acesso em: 10/01/2016.

Santos, Ângela. (2010). *O português moçambicano entre o português brasileiro e o português europeu. Filologia e Linguística Portuguesa*, 12 (1), p. 27-39.

LIST OF CONTRIBUTORS

1. **Arizangela O. Figueiredo (ed.)** – Atualmente é leitora de língua portuguesa na Universidade Jawaharlal Nehru, Índia, pelo Ministério das Relações Exteriores. Formada em Letras, com habilitação em português/inglês pela Universidade do Estado da Bahia. Mestre em Estudo de Linguagens pela mesma Universidade. A pesquisadora atua na área de letras, com ênfase em ensino de língua portuguesa como língua não-materna, estudo da literatura de língua portuguesa e formação de leitor. Foi professora cooperante do Programa de Qualificação de Professores e ensino de língua portuguesa (PQLP) em Timor-Leste entre 2013-2015.

2. **Benjamin Abdala Junior** – É professor titular da FFLCH da Universidade de São Paulo. Pesquisador 1 A do CNPq, foi adjunto de representante e coordenador da área de Letras e Linguística da CAPES; ex-representante das áreas de Humanas no Conselho Técnico-Científico dessa agência do MEC. Ex-presidente da Associação Brasileira de Literatura Comparada, foi por duas gestões representante dessa área do conhecimento no CNPq. Membro do Conselho Editorial de várias revistas científicas, foi diretor ou coordenador de séries ou coleções editoriais, entre elas, a *Princípios e Fundamentos* (Editora Ática), *Literatura Comentada* (Editora Abril), *Ponto Futuro e Livre Pensar* (Editora SENAC-SP). Suas pesquisas, desde o Mestrado, na Universidade de São Paulo, situam-se no campo da Literatura Comparada, atuando no âmbito das literaturas de língua portuguesa. Publicou cerca de quarenta títulos de livros (livros de autoria individual, organização de coletâneas críticas e antologias), entre eles as mais recentes são: *Literatura Comparada e relações comunitárias, hoje* (2012); *Estudos comparados: teoria, crítica e metodologia* (2014);

Literatura e memória política (2014), *Um mundo coberto de jovens* (2016), *Graciliano Ramos: muros sociais e aberturas artísticas* (2017).

3. **Benjamim Corte-Real** – É diretor do Centro de Língua Portuguesa da UNTL. É doutor e mestre em linguística pela Macquarie University, Sydney, Austrália. Licenciado em Língua Inglesa pela Universitas Kristen Satya Wacana (UKSW), Indonésia. E também licenciado em direito pela Universidade Timor Lorosa'e (UNLT). Professor titular da UNTL, ministrando aulas na Faculdade de Educação, Artes e Humanidades da UNTL e na Faculdade de Direito (FUP-UNTL). Dentre suas mais recentes publicações estão: editor do tétum e apresentador do livro *Kultura no Natureza Ema Atoni-Oekussi-Ambeno*, Co-editor de *Timor-Leste Contemporain, Lémergence d'une nation*, tradutor e editor do livro de José Mattoso *A Dignidade – Konis Santana e a Resistência Timorense.*

4. **Cielo G. Festino** – Doutora em literatura indiana de língua inglesa pela USP. Fez um programa de pós-doutorado sobre o conto nas línguas vernáculas da Índia, de autoria feminina, na Universidade Federal de Minas Gerais (2010-2012). É professora de literaturas de língua inglesa na Universidade Paulista, São Paulo, e professora colaboradora do programa de Mestrado da Universidade Federal de Tocantins. É membro do projeto temático: *Pensando Goa. Uma Biblioteca Singular em Língua Portuguesa?* (USP/FAPESP). Foi co-editora do volume da revista literária Muse India (vol. 70, 2016), dedicado à literatura de Goa de língua portuguesa, e do livro *A House of Many Mansions: Goan Literature in the Portuguese Language* (An Anthology of Original Essays, Short Stories and Poems, Margão, Goa: Under the Peepal Tree, 2017).

5. **Gilvan Müller de Oliveira** – Doutor em Linguística pela Universidade Estadual de Campinas em 2004, sob a orientação de Ataliba Castilho. Realizou o pós-doutorado na Universidade Autônoma Metropolitana Iztapalapa, no México, com Rainer Enrique Hamel. Graduou-se em Linguística pela Universidade Estadual de Campinas em 1985; concluiu o mestrado em Linguística Teórica, Filosofia e História na Universidade de Konstanz, Alemanha, em 1990, sob a orientação de Peter Auer; De 2002 a 2010 coordenou o IPOL - Instituto de Investigação e Desenvolvimento em Política Linguística, de Florianópolis, e entre 2010 e 2014 respondeu pela Direção Executiva do Instituto

Internacional da Língua Portuguesa (IILP), da Comunidade dos Países de Língua Portuguesa (CPLP), situado em Cabo Verde. No ano de 2014 recebeu o Prêmio Personalidade Lusófona do Ano do Movimento Internacional Lusófono (MIL) e em 2015 o Prêmio Meendinho, da Fundação Meendinho, por serviços prestados à Língua Portuguesa e à Galiza. Atualmente é professor adjunto da Universidade Federal de Santa Catarina e Secretário Executivo Adjunto da MAAYA - Rede Mundial de Multilinguismo, com sede em Paris. Desde 2017 é Membro Correspondente da Academia Galega da Língua Portuguesa (AGLP) e no período 2917-2019 coordena o Programa de Políticas Linguísticas do Núcleo de Educação para a Integração (NEPI) da Associação de Universidades do Grupo Montevidéu (AUGM).

6. **Helder Garmes** – Doutor em Estudos Comparados de Literaturas de Língua Portuguesa pela Universidade de São Paulo (1999), tendo realizado estágios pós-doutorais na École des Hautes Études en Sciences Sociales (2005), no College of Humanities da Ohio State University (2009) e na University of Leeds (2016). Possui graduação em Linguística e em Letras pela Universidade Estadual de Campinas (1983, 1985), mestrado em Teoria e História Literária pela mesma universidade (1993). Atualmente é professor livre-docente da Universidade de São Paulo, atuando especialmente nas áreas de literatura portuguesa, estudos comparados de literaturas de língua portuguesa e história da literatura. Tem por foco dois núcleos de pesquisa: um voltado para a obra de Eça de Queirós; outro voltado para a literatura de língua portuguesa de Goa e de outras ex-colônias portuguesas na Ásia. Coordena o projeto temático *Pensando Goa: Uma Peculiar Biblioteca de Língua Portuguesa* (FAPESP - Proc. 2014/15657-8). É autor do livro *Romantismo Paulista* (2006), organizador do volume *Oriente, Engenho e Arte* (2004), co-organizador de *Literatura Portuguesa: História, Memória e Perspectivas* (2007), de dois números especiais da revista Via Atlântica (2011 e 2016) sobre literatura e cultura em Goa, entre outros trabalhos.

7. **Maged Elgebaly** – Coordenador do Departamento de Língua Portuguesa na Aswan University. Doutor em Estudos Comparados de Literaturas de Língua Portuguesa pela Universidade de São Paulo (2012), doutor em Língua Espanhola pela Ain Shams University (2011), mestre em

Linguística pelo Instituto Caro y Cuervo (2005) e bacharel em Letras - Ain Shams University (1999).Tem experiência na área de ensino da língua Portuguesa e suas letras.

8. **Márcia V. Cavalcante (ed.)** – Doutoranda pela Faculdade de Educação da Universidade de São Paulo – USP, mestrado pela Universidade Presbiteriana Mackenzie na linha de pesquisa *Linguagem, Educação e Lusofonia* e graduação em Letras Vernáculas. É professora-formadora da Rede Estadual de Ensino do Estado de Pernambuco – Brasil. Integrou a equipe do Programa de Qualificação de Docentes e Ensino de Língua Portuguesa em Timor-Leste- PQLP nos anos de 2007-2010 e 2013- 2015. Em Timor-Leste: desenvolveu um projeto de ensino de língua portuguesa e formação para professores de Educação Pré-Escolar e posteriormente para professores das séries iniciais; atuou como professora cooperante do Departamento de Língua Portuguesa da Faculdade de Educação da UNTL, desenvolvendo pesquisas na área de oralidade e ensino de literatura.

9. **Márcio Undolo** – Doutor em Linguística pela Universidade de Évora (Portugal), mestre em Terminologia pela Universidade Nova de Lisboa (Portugal), licenciado em Ciências da Educação, opção Linguística Portuguesa pela Universidade Agostinho Neto (Angola); Professor Auxiliar da Escola Superior Pedagógica do Bengo (Angola); investigador integrado do CIDEHUS da Universidade de Évora (Portugal).

10. **Orlanda Lídia da Silva Gomane** – Doutorada em Linguística Aplicada pela Universidade Eduardo Mondlane, em Maputo. Docente da área das Didácticas de Línguas e Práticas Pedagógicas; co-autora de artigos nacionais e internacionais, na área de Didáctica e Línguas; Intervenção em Curso de Doutoramento e Mestrados nas áreas de Didáctica, Ensino de Português-Língua Segunda e Português-Língua Estrangeira e Linguística Textual; Revisora Linguística de Manuais e Módulos de Educação à Distância da Universidade Pedagógica e da Universidade Virtual Africana (AVU); Supervisão de dissertações de Mestrado e Doutoramento.

11. **Regina Pires de Brito** – Pós-Doutora pela Universidade do Minho (Braga-Portugal), Doutora e Mestre em Linguística pela FFLCH-USP.

Professora Adjunto III, Coordenadora do Programa de Pós-Graduação Stricto Sensu em Letras da UPM. Líder do Grupo de Pesquisa CNPq - Cultura e Identidade Linguística na Lusofonia. Docente e coordenadora do Núcleo de Estudos Lusófonos do Programa de Pós-Graduação em Letras da Universidade Presbiteriana Mackenzie. Membro da CPCLP - Comissão para a Promoção do Conteúdo em Língua Portuguesa, da Comunidade dos Países de Língua Portuguesa Câmara Brasileira do Livro. Pesquisadora do CLEPUL- Centro de Literaturas e Culturas Lusófonas e Europeias da Faculdade de Letras da Universidade de Lisboa e Pesquisadora Associada do Centro de Estudos das Literaturas de Expressão em Língua Portuguesa da USP. Membro do Conselho Diretivo do Instituto Nacional de Linguística de Timor-Leste, do Grupo de Historiografia Linguística do IP-PUC-SP. Dentre as publicações, destacam-se os livros: *Sensibilizando para a comunicação em língua portuguesa - uma experiência em Timor-Leste* (Mackpesquisa), *Conceitos de educação em Paulo Freire* (Vozes, coautoria, 6a. ed); *Língua e identidade no universo da lusofonia: aspectos de Timor-Leste e Moçambique* (Col. Lusofonia Vol 1. Terracota, 2013); *Comunicação intercultural: vínculos musicais na lusofonia* (Col. Lusofonia Vol. 2 coautoria; Terracota, 2014); *Paulo Freire em tempo presente* (2016, coautoria) *Estudos Lusófonos: múltiplos olhares* (2016 - org). ORCID - 0000-0002-0634-8572

12. **Rodrigo Florencio da Silva** – Has a doctorate in the Environment and Development, a Master's degree in Education and specialties in the use of IT's in Education and Dialectic of the Portuguese Language, and a Bachelor's degree in Portuguese and English Letters. He was a lecturer in Portuguese at Cenlex Zacatenco from October 2009 to December 2013. He was also a docent in Timor-Leste within the Program for Primary School Teachers Formation and professor at the Timor Lorosa'e National University in Asia.

13. **Sara A. Jona Laisse** – Doutorada em Literaturas e Culturas em Língua Portuguesa pela Universidade Nova de Lisboa, Portugal. Docente de Cultura Moçambicana, Etnografia da Comunicação e Metodologia de Pesquisa na Universidade Politécnica. Tem realizado consultoria em avaliação de qualidade de ensino, elaboração de manuais de ensino. Tem artigos publicados em jornais e revistas nacionais e estrangeiras; é

co-autora das obras: Cultura e Identidade Organizacional e Dicionário Português-Bitonga-Português e autora de um livro de ensaios sobre Literatura.

14. **Sovon Sanyal (ed.)** – É Doutor em literatura de língua portuguesa e professor titular de Cultura e literatura brasileira nessa mesma Universidade. Bacharel em Espanhol pela Universidade de Delhi, New Delhi, e Certificado em Português pela Universidade da Ásia Oriental, Macau. Concluiu Mestrado em português pela Universidade de Goa e Mestrado em Espanhol pela Universidade Jawaharlal Nehru. Realiza pesquisas na area de estudos comparados em literatura de língua portuguesa com foco em história literária e estudos pós-coloniais. Escreveu vários artigos sobre diálogos entre a Índia e a literatura de língua portuguesa.

15. **Suzani Cassiani** – É professora titular do Departamento de Metodologia de Ensino da Universidade Federal de Santa Catarina e líder do Grupo de Estudos e Pesquisas Discursos da Ciência e da Tecnologia na Educação, do Programa de Pós-Graduação em Educação Científica e Tecnológica (PPGECT) - conceito 6, onde orienta bolsistas de pós-doutorado, doutorado, mestrado e iniciação científica. É licenciada em Ciências Biológicas com Especialização, Mestrado, Doutorado em Educação pela UNICAMP (2000) e Pós Doutorado em Ciências Sociais (Estágio Sênior (2015) na Universidade de Coimbra-Portugal. Coordenou o Programa de Qualificação Docente e Ensino de Língua Portuguesa da CAPES, um projeto do Programa de Pró Mobilidade Internacional, ambos com o Timor-Leste. É coordenadora do Acordo de Cooperação entre a UFSC e Universidade Nacional de Timor Lorosae. Tem ministrado palestras e conferências plenárias em eventos científicos nacionais e internacionais, organizado eventos científicos (ENPEC, EREBIO, entre outros). Sua área de investigação envolve estudos discursivos relacionados à formação de professores, efeitos de colonialidade e pedagogias decoloniais na educação em ciências. É Vice-Presidente da Associação Brasileira de Pesquisa em Educação em Ciências (ABRAPEC) no biênio 2017-2019. Bolsista produtividade do CNPq, 1D.